Strategy Partners代表
西口一希

マーケティングを学んだけれど、どう使えばいいかわからない人へ

日本実業出版社

マーケティングを学んだけれど、どう使えばいいかわからない人へ

はじめに

《「マーケティングの樹海」に迷い込んだ旅人》

・そもそも何をすればいいのかわからない
・市場調査をしても十分に活かしきれない
・販促をしても、売上が上がらない
・いくらマーケティングを学んでも、実際のビジネスではどうしたらいいかわからない……

これらは30年以上、数々の企業のマーケティングやブランドマネジメントに携わってきた私が、ビジネスの現場でよく耳にする声です。

私自身も、若い頃にはこうした思いを抱えていました。

それまで学んできたマーケティングの方法論や手法をもとに新しいブランドを新発売したものの、売上が頭打ちに。

当時は、まるでゴールへの道も見えない暗闇をさまよっているような焦燥感と不安を抱いていたものでした。

その後、自分自身の試行錯誤の経験や先輩方のアドバイスをもとに、「お客さまを起点としたマーケティング（顧客起点マーケティング）」にたどり着いたことで、私のマーケターとしてのキャリアは現在に至ります。

P&G、ロート製薬でのマーケティングやブランドマネジメントの業務ののち、ロクシタンジャポンで代表取締役、当時スタートアップ企業であったスマートニュースでは日本とアメリカのマーケティング担当執行役員を務め、多岐に渡る商品やサービスに携わってきました。

現在は、経営コンサルティングと投資業務を行うStrategy Partnersを創立し、さまざまな企業への経営支援を行いながら、企業経営者や事業責任者へのサポートをさせていただいております。

そのなかで実感しているのは、マーケティングの現場では手探りでさまよい続け、同じところで悩んでいる人がたくさんいるということです。

事業を成長させるために、さまざまなマーケティングの理論やテクノロジーを勉強し、さまざまな施策を試みても思ったような成果が出ず、労力や時間だけを消費し疲弊していく……。そんな姿はさながら「樹海」に迷い込んだ旅人のようです。

《マーケティングを「学ぶ」のと「できる」の間にある大きな壁》

「マーケティング」というと、一見スマートできらびやかな世界というイメージを持つかもしれませんが、実際に足を踏み入れればそのイメージは変わります。

その実情は、まるで鬱蒼《うっそう》と樹々が広がり続ける「樹海」です。この世界では常に新しい手法やテクノロジーが生まれ続けており、「〇〇マーケティング」や「〇〇戦略」「〇〇理論」など、さまざまな手法があふれかえっています。

マーケティングを学ぶ際も、そうしたものばかりに目がいきがちです。

さらにビジネスをめぐる環境は、刻々と変化し続けています。

そのため、マーケティングの世界にあふれるツールや方法論は、からみ合って樹木や雑草となり、その先の道筋を見えなくしています。

周到な用意をしないまま一度そこに足を踏み入れれば、出口がどこにあるのか、そもそもゴールが何だったのかもわからなくなり、自分がいる場所さえ見失ってさまよい続けることになってしまうのです。まさに、「樹海」に迷い込むかのごとくです。

また、マーケティングの世界には専門的な用語もたくさんあります。

こうした用語を解説してくれるマーケティングの本やサイトもたくさんあるので、それらを読んで、何とか理解しようとがんばっているマーケティング初心者の方もいるかもしれません。

でも、こうした用語はあいまいな定義のまま増殖し、営業目的で使われていることも多いのです。

いかにも専門的で説得力のある言葉のように使われていても、意味や定義があいまいな用語はしょせん「バズワード」にすぎません。

ですから、せっかく用語を覚えてなんとなく理解した気になっても、「知っている」で止まってしまっている方もたくさんいます。

マーケティングを「学ぶ」のと、実践「できる」の間には、大きな壁があるのです。その壁を越えられず、右往左往する。これが「マーケティングの樹海」をさまよっている状態です。

《「マーケティングの樹海」を抜けだすために》

「マーケティングの樹海」を抜けだすためにもっとも大切なのは、流行りのツールや具体的な理論を覚えるよりも、マーケティングもふくめた「ビジネスの原則」を理解しておくことです。

「ビジネスの原則」と「マーケティング」の関係について構造的に理解し、「ビジネスを向上させるためには、お客さまに何が必要なのか」を学ぶことで、「マーケティングの樹海」を抜けだし、ビジネスの世界を旅するコンパスとなって道筋を示してくれるのです。

そこで、「マーケティングの樹海」を抜けだすためのコンパスと地図をまとめる目的で、この本を著《あらわ》しました。

本書はマーケティングを実際のビジネスで使えるようになるためのコンパスと地図となると同時に、ビジネスに携わる方が最初に読んでおくべき入門書ともいえます。

この本では、まず最初に「なぜマーケティングが難しくなっているか」、その原因と現状をひも解きます。

そして、マーケティングが対象とすべき「ビジネスの原則」を解説することで、マーケティングをシンプルかつ構造的に理解します。

あらゆるビジネスが創出すべき「価値とは何か」「価値の継続性とは何か」「価格競争に巻き込まれない価値とは何か」を説明します。

そして、ビジネスをその創出期の「0→1」、初期成長期の「1→10」、拡大期の「10→1000」という段階に分けて構造的に可視化することで、マーケティングを何を目的にして活用すべきか判断できるレベルに変わっていきます。

最後に、マーケティングを常に混乱させている「ブランディングとは何か」、そして「マーケターになるために必要なことは何か」、さらに、みなさんの「キャリアを充実させるヒント」を解説します。

マーケティングに興味を持っている方、どこからスタートしたらいいかわからない方、そしてマーケティングのことはわかっているつもりだったけれど、やればやるほどわからなくなっている方に向けて、専門用語は極力使わず、シンプルに解説しました。

本書を通じて、読者のみなさんが「マーケティングの樹海」から抜けだし、ビジネスとご自身のキャリアの継続的な成長を実現されることを心から願っています。

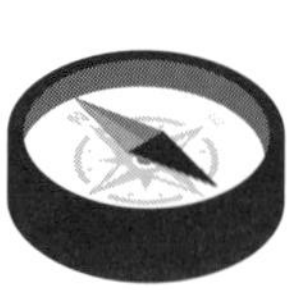

マーケティングを学んだけれど、どう使えばいいかわからない人へ　目次

MARKETING ADVENTURE

第2章 マーケティングとは「価値づくり」

——マーケティングを理解するためのもっとも大切な「価値」の話

MARKETING

第3章

ADVENTURE

価値は「お客さま」と向き合うことでわかる

——価値をどう知り、どうつくるか

MARKETING ADVENTURE

第4章 0から1、1から10、10から1000へ

――継続的なグロースの実現

MARKETING ADVENTURE

第5章 マーケティングとブランディング
――一過性と継続性と離反、そしてブランディングへ

MARKETING ADVENTURE

第6章 マーケティングで継続的に「価値」を高め続ける
——企業も人も、価値を生みだすことで成長し続ける

カバーデザイン／西垂水敦（Krran）
本文デザイン・DTP／浅井寛子
イラスト／武田侑大
構成／真田晴美

MARKETING

第1章

ADVENTURE

なぜ、多くの人が「マーケティングの樹海」に迷い込んでしまうのか？

——マーケティングをめぐる、さまざまな誤解

MARKETING ADVENTURE

そもそもマーケティングって何ですか？

《あなたは「マーケティングとは何？」という質問に答えられますか？》

「マーケティング」という言葉はビジネスでよく耳にすると思いますが、その言葉が指す意味は、販売促進活動、デジタルマーケティング、広告宣伝、集客施策、リサーチ、あるいは商品開発、データ分析など、人によってさまざまです。

これが、マーケティング業務に携わる人の多くが樹海にさまよってしまう理由の1つです。つまり、**「マーケティング」という言葉の定義があいまいで、人によって異なる**ということです。

サッカーとは何かを定義せずに、サッカーのプロになることもできないし、バラバラの定義を信じた仲間と一緒にチームを組んでも勝つことはできないことを想像すれば、定義の重要性が理解できるかと思います。

ネットで検索してみても、マーケティングの定義にはいろいろなものが出てきます。たとえば、マーケティング発祥の地、アメリカの代表的組織である米国マーケティング協会の定義を見てみましょう。

「マーケティングとは、顧客、依頼人、パートナー、社会全体にとって価値のある提供物を創造・伝達・配達・交換するための活動であり、一連の制度、そしてプロセスである」

※慶應義塾大学商学部・高橋郁夫教授による翻訳

なんとなくはわかるけれど、少し言い回しが難しいですね。

では、日本ではどうでしょうか？　日本マーケティング協会による定義はこうです。

「マーケティングとは、企業および他の組織がグローバルな視野に立ち、顧客との相互理解を得ながら、公正な競争を通じて行う市場創造のための総合的活動である」

これも、読んですぐに理解できる人は少ないかもしれません。

一方、「マーケティングの父」とも呼ばれるフィリップ・コトラーさんは、こんなふうに述べています。

「マーケティングとは、個人や集団が、製品および価値の創造と交換を通じて、そのニーズやウォンツを満たす社会的・管理的プロセスである」

ニーズやウォンツという言葉がわかりにくいかもしれませんが、コトラーさんは次のような表現もしています。

「マーケティング・マネジメントとは、標的市場を選択し、優れた価値の創造、伝達、提供を通じて、顧客を獲得、維持、育成する技術である」

また、セオドア・レビットさんという人はマーケティング理論に大きな影響を与え、「コトラーさんと並ぶ巨匠」と呼ばれている経済学者ですが、次のように述べています。

「マーケティングとは、顧客の創造である」

「顧客」「価値」「創造」といった言葉が繰り返し出てきていますから、どうやらこのあたりがカギになるかもしれないと思った方もいるかもしれません。

ほかにも「事業を成長させるために持続的に売れる仕組みをつくる活動」など、調べればいろいろ出てきます。

しかし、このように定義があいまいで人によって解釈も違うということは、その本質をつかみにくいともいえます。

そもそも、定義のはっきりしていないものを理解することは難しいですし、実行することもできませんよね。

定義がはっきりしていないがゆえに、マーケティングはいろいろなところで無用な誤解や過剰な期待を招いており、その結果としてマーケティングに対する過小評価や過剰期待が生まれるのです。

《樹海のように時代とともに増え続けるマーケティングの方法論や手法》

多くの人がマーケティングの樹海にさまよう理由は、もう1つあります。それは、**方法論や手法が増え続けていること**です。

マーケティングの方法論や手法を、ネットで検索してみるとたくさん出てきます。「マーケティングの4P」「STP」や「3C分析」「SWOT分析」といった言葉を聞いたことのある人も多いと思いますが、これらを見聞きするたびに、覚えることややるべきことが膨大にあるように感じてしまう人もいるでしょう。

しかも、時間の経過とともに社会環境や時代が変化していくと、方法論や手法はさらに増えていきます。

たとえば、1990年代は店舗だけでモノを売っていましたが、今やEコマースの併用は多くの企業や組織で当たり前になりました。当時からそんなことを考えていた企業はAmazonくらいですが、今後はさらに新たな販売手法や取引形態も増えていくでしょう。それらに対応するように、マーケティングの方法論や手法も増えていきます。

ただし、こうした方法論や手法ばかりに目を奪われていると、樹海のさらに奥に迷い込むことになります。

方法論や手法という樹木はどんどん増えていって現在地もおぼつかなくなり、何から手をつけたらいいかもわからなくなってしまうのです。

そこで、さまざまなアプローチを次から次へと試していく方も多いですが、マーケティングの構造と原則の理解なくしては成果を得ることができません。

いわば、いくら道具をたくさんそろえても、そもそもの使う目的や使い方がわからなければ意味がないのと同じです。

《「最新のスキル」も時がたてば最新ではなくなる》

方法論や手法に翻弄《ほんろう》されているうちに、方法論や手法自体が淘汰《とうた》されたり、陳腐化《ちんぷか》したりしてしまうこともあります。たとえば、私の過去のあるスキルもそうでした。

私がP&Gに入社した1990年頃は、Eコマースなどという言葉が存在しないだけでなく、そもそも職場にパソコンすらそれほどなかった時代でした。

そんな時代に入社1年目の私が一生懸命やっていたのは、「ニールセン分析」と呼ばれる仕事です。

たとえば、当時担当した赤ちゃん用の紙おむつの「パンパース」が先月どれくらい売れたか、どこで売れているのか、価格はいくらだったか、競合ブランドはどうだったかといったマーケット情報が、ニールセンという調査会社から紙に印刷されたかたちで2か月ごとに送られてきます。

5センチを超える厚さの紙に印刷されたマーケット情報を、当時出たばかりのパソコンの表計算ソフトに打ち直して、四則演算できるように整えました。これはさまざまな分析を可能にしてくれるので、私はその作業を必死にやっていたのです。

その作業を3か月ほどやっていたら、いつの間にか私はブラインドタッチができるようになり、表計算ソフトに打ち直す速度が非常に速くなりました。

それで、当時の私はこう思ったのです。「素早い分析のマーケティングスキルを身につけたぞ」と。

ところがその1年後、ニールセンからのデータは、紙ではなくデジタルデータで納品されるようになりました。

そうなると、私のブラインドタッチのスキルはどうなるでしょうか？

当然、不要なものになってしまいます。じつは今でもテンキーを使ったブラインドタッチは得意なのですが、それを必要としてくれる人も会社もありません。

振り返ると、あのときブラインドタッチのスキルの習得にかけた労力と時間はいったい何だったのかと思いますが、今後はデジタル化によって、さまざまなスキルや仕事がますます不要なものになっていくでしょう。

これは1つの象徴的な例ですが、このように**方法論や手法などの「HOW」は、時代の変化とともに不要になる**のです。

要は、方法論や手法だけに目を向けていると、それらにからめとられてしまい、結果的には淘汰されていってしまうリスクがあるということです。

《マーケティングツールは今や9900以上。覚えられますか？》

マーケティングの分野では多数の書籍が出版されています。

中でもコトラーさんは、バイブルとされる『マーケティング・マネジメント』をはじめ、多数の著書でマーケティングについて時代の変化ごとに説明してくれています。

ただし、いきなりこうした文献を読んでも理解し活用するのは難しいと思います。『マーケティング・マネジメント』は網羅的にマーケティングについて解説してくれている良書ですが、それだけに1000ページを超える大作で、内容の個別項目のつながりを頭に入れながら全体を理解するのは極めて困難です。

また、本だけでなく、ネット上には「マーケティング用語集」や「覚えなければいけないマーケティング用語」といったページがあふれています。

日本でつくられたページ以外にも、海外でつくられているページもありますが、ざっと見る限り、私も半分程度の用語しか把握できていません。

とにかく、それほど巷《ちまた》ではマーケティングに関するたくさんの用語があふれているのです。こんなにたくさんのことを覚えるのは困難です。これこそみなさんが「マーケティングって、わけがわからない」と混乱してしまう大きな原因でしょう。

その状況を端的に表すのが、次ページの「マーケティングテクノロジーランドスケープ」のカオスマップです。

これはマーケティングの分野で提供されているテクノロジーツールをマッピングした図です。2011年から毎年発表されており、2011年に150程度だったものが2022年5月に発表された最新版では9932に増えています。11年間に、なんと6521％も増加しているということです。まさにカオスの世界ですよね。

カオスマップには以前はツールの名称も入っていましたが、最近はロゴマークだけ。それもたくさんありすぎて、1つひとつがよく見えないくらいです。9932など活用どころか覚えるのも無理ですね。

こういう図を見るだけでも、まさしく「マーケティングを取り巻く世界は樹海のごとし」ということがよくわかると思います。

マーケティングテクノロジーランドスケープのカオスマップ2011

https://chiefmartec.com/post_images/marketing_technology_landscape.jpg

2022年のカオスマップ

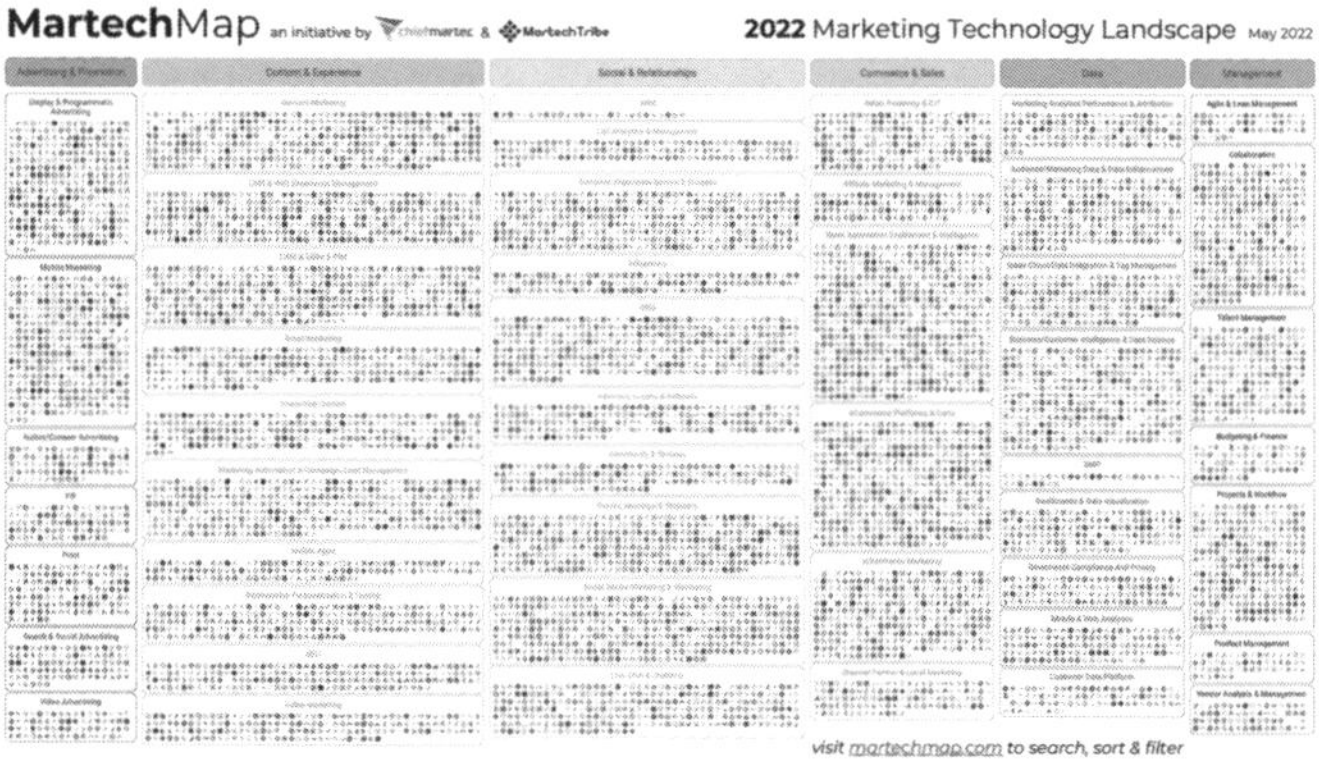

https://chiefmartec.com/2022/05/marketing-technology-landscape-2022-search-9932-solutions-on-martechmap-com/

「マーケティングの4P」って、やっぱり重要ですか？

≪じつは「4P」にはお客さまがいない≫

こうしたマーケティングのカオスマップを見ているだけで「マーケティングって、わけがわからない」と混乱してしまうと思いますが、さらにマーケティングを難しいものにしている原因があります。

もっとも有名な「マーケティングの4P」がその1つです。

「4P」はマーケティングの基本中の基本としてよく語られます。「4P」は、「マーケティング」という言葉が世の中で目立ってきた1960年代にコトラーさんが広めたフレームワークです。これはマーケティングに重要な4つの戦略を組み合わせたもので、次の４つの頭文字から取ったものです。

・プロダクト　／Product：どんな商品にするか
・プレイス　／Place：どこで売るか、どう売るか
・プロモーション／Promotion：販売促進やＰＲ、広告などをどう展開するか
・プライス　／Price：価格をいくらにするか

「４Ｐ」は今も有名で、マーケティングを学ぶ際に必ず出てくるため、知っている方も多いでしょう。

この「４Ｐ」が「マーケティングの基本」と教えられることも多いのですが、私はこれこそマーケティングの誤解を招いている大きな原因だと考えています。

というのも、この「４Ｐ」はもともとコトラーさんの友人であるエドモンド・Ｊ・マッカーシーさんというマーケティング学者が１９６０年に提唱したものとされていますが、じつは、それ以前の１９５８年にロバート・Ｊ・ハロウェイさんという人物がミ

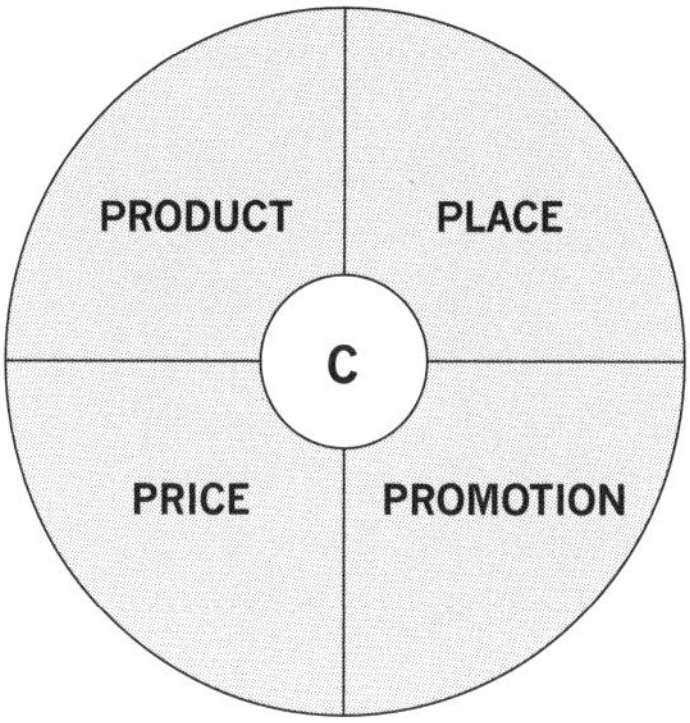

※ E.J. マッカーシー氏の論文をもとに作成

ネソタ大学経営学部の論文集で発表しています。

上の図を見ていただくとわかりますが、この図では4つのPの中央に「C」が入っています。この「C」は、コンシューマー（Consumer：消費者）です。

つまり、この図は「商品を買ってくださるお客さまに対してやるべきことをマーケティングというが、4つのPに分けて考えるとわかりやすい」ということを示したものです。

そもそも「誰に向けて商売をするのか」という前提があったうえで、4つの「P」に集中するとわかりやすい、という話なのです。

じつは、そのことについてはコトラーさんも触れています。「コンシューマーに対して何をすべきかを考えるときに、4つのPでとらえると整理しやすい」ということも書いてあります。

しかし、膨大なページ数の本の中で「４Ｐ」の話とは別のセクションに書いてあるために、コトラーさんの意図に反して「４Ｐ」と「コンシューマー」が切り離されて人々に理解されてしまったようです。

おそらく「４Ｐ」のフレームワークが見た目にもシンプルでわかりやすかったために、ひとり歩きしてしまったということだと思いますが、その結果、コンシューマー不在の「４Ｐ論」になってしまったのです。

そういえばコトラーさんは最近、昔の自分の本にはサインしないといっているそうです。「役に立たないから」と。この「４Ｐ」と「コンシューマー」の関係性については触れていませんが、この部分が誤解されて広まっているからではないかと推察しています。

ともかく現在、多くの人に知られている「マーケティングの４Ｐ」からは初期の段階でコンシューマー（お客さま）という視点が抜け落ちてしまい、お客さま以外の要素がどんどん広がっていったのです。

《枝葉の話が多いから、樹海に迷い込んでしまう》

1980年代頃から、日本企業の間でも「4P」というフレームワークは「マーケティング・ミックス」と呼ばれて浸透しはじめました。

とくに90年代半ば頃からは「誰に」という前提が抜け落ちたまま、マーケティング分野のテクノロジーやツールが増えていった結果、商品やサービス（以降、この本では総称として**「プロダクト」**と呼びます）を売る手段や手法（HOW）ばかりが注目されるようになりました。

それによって、「どんなお客さまが、どんな気持ちで、どうやってプロダクトにお金を払うのか」という視点がしだいに薄れていきます。

それでも、私がマーケティングに関わりはじめた90年代は、まだデジタルが浸透する前でしたから、今と比べれば非常にシンプルな時代でした。

しかし、2000年代以降にデジタルが人々の生活に浸透しはじめると、売る手段や伝える手段であるHOWが爆発的に増えていき、企業も広告代理店もそれらを追うのに必死になっていきます。

プロダクトそのものを磨き上げることよりも、「広告で売る」ことや「バズらせて売る」ことを意識するようになっていったのも、この頃からです。

結果的に「プロダクトをどうやって売るか」を考えるのがマーケティングだと思い込んでいる人も少なくありません。

とくに、この10年はモバイルメディアの台頭によって伝えたり売ったりする手段や手法（ＨＯＷ）にさらに大きな変化が起きています。

消費者にプロダクトの情報を広く速く届けるためのツールやテクノロジーが一気に増えたために、「お客さまは誰なのか」よりも方法論のほうがますます先行し、ＨＯＷ（やり方や方法）ばかりが増殖してしまいました。

マーケティングをめぐる流行りのワードは、バズワードばかり、といっても過言ではありません。

まるで、樹木の枝葉が多くなりすぎて、幹も見えない「樹海」です。中には枯れていく樹木や崩れ落ちる樹木もありますが、その横では「新しいテクノロジー」という樹木が生まれ、みるみる生い茂っていきます。「樹海」は今も拡大し続けているのです。

そのため、「樹海」に迷い込んだ人は、現在地もわからなくなってしまうのです。

マーケティングの実際の業務に存在する「樹海」

《実際のマーケティング業務で行われているプロセス自体が「樹海」》

ここまでマーケティングは「樹海」のようだという話をしました。その「樹海」は実際の業務でも存在し、どのようになっているかを簡単に説明します。

およそ一般に「マーケティング」といわれている業務を単純化すると、次ページの図のように、「調査・分析」→「STP（戦略）」→「4P（戦術）」→「実行・管理と振り返り」を入れたPDCA（Plan：計画→Do：実行→Check：評価→Action：改善）の循環プロセスになります。

一般的なマーケティング・プロセス

振り返り　PDCAサイクル

調査・分析

- 3C分析
- SWOT分析
- ファイブフォース分析
- バリューチェーン分析
- PEST分析
- 市場調査
- 競合分析
- 行動データ分析

☑ さまざまな調査
☑ さまざまなデータ

▼

STP（戦略）

- Segmentation（セグメンテーション）市場の細分化
- Targeting（ターゲティング）どの市場を狙うか
- Positioning（ポジショニング）自社の立ち位置

▼

4P（戦術）

- Product（プロダクト）
- Place（プレイス）
- Promotion（プロモーション）
- Price（プライス）

☑ HOW：さまざまな販路・メディア・
コミュニケーション・販売促進の手法

▼

実行・管理と振り返り

- 目標・KGI・KPI
- PL（損益計算書）・BS（貸借対照表）
- LTV（ライフタイムバリュー）
- 投資対効果
- キャッシュフロー

まず「調査・分析」で、市場やお客さまや競合や社会環境などをさまざまな情報やデータから分析する。

「ＳＴＰ（戦略）」で、市場をいくつかに分類して、どの分類した市場で商売をするか、どうやって競合と差別化するかを決める。

「４Ｐ（戦術）」で、プロダクト（どのような製品・サービス）、プレイス（販売方法）、プロモーション（コミュニケーションや販売促進）、プライス（いくらで）を決める。

「実行・管理と振り返り」で、企画したプランを実行し、その結果を振り返り、次のアクションにつなげる。

これらがマーケティングの業務における循環プロセスです。専門家によってそれぞれの定義や分類が違うかもしれませんが、およそこのような感じです。

図の中には代表的なマーケティングの専門用語を入れていますが、それぞれネットで検索すればいくらでも説明や事例が出てきます（樹海を抜けだすコンパスをめざす本書ではあえて説明しませんが、わからない用語があっても今は気にしないでください）。

このマーケティング・プロセスは、一見すると論理的で愚直に実行すれば結果が出そうですが、実際にはそうなりません。

結果が出ないと、さらに「調査・分析」したり、「STP（戦略）」を見直したり、学んだ成功事例や最新のマーケティングと喧伝《けんでん》されるさまざまな「4P（戦術）」を試したりしますが、期待通りの結果が出ない、という負のループに陥るのです。仮に結果が出たとしても、継続しないことが大半です。

ちなみに、みなさんが目にする大量のマーケティングに関する情報や最新の手法やカオスマップで見たツールの多くは、「4P（戦術）」に集中していますので、勉強すればするほど「4P（戦術）」に意識がとらわれます。

また、新しい「4P（戦術）」で結果が出たとしても、これまでにやってきた「4P（戦術）」はやめにくいので、やることが増えて、投資対効果が悪化し、業務もどんどん増えていく……。これが「樹海」でさまよっている状態です。

ただし、この「調査・分析」→「STP（戦略）」→「4P（戦術）」→「実行・管理と振り返り」を入れたPDCAが間違っているわけではないのです。

いわば、マーケティング・プロセスを結果につなげるための2つの「軸（詳しくは後述）」が欠けているのです。それこそが、「マーケティングの樹海」を抜けだして、ビジネスの成果というゴールにたどり着くためのコンパスといえるものです。

その「軸」さえあれば、世にある多くのマーケティングの教科書や増え続ける情報に振り回されることなく、自ら積極的にマーケティングの情報を取捨選択し、あなたのビジネスに役立てることができるようになるのです。

結局、「マーケティング」とは何なのか？

《「そもそもビジネスはどう成り立っているか」から考える》

「マーケティングの樹海」を抜けだし、ビジネスの世界を自由に旅するためには、「はじめに」で触れたように「コンパス」が必要です。

枝葉末節《しようまっせつ》の手法やツールに振り回されると、いつまでも樹海で迷い続けてしまいます。目先の手法を追うことではなく、根本的な原則を理解することです。

そこで、さきほど触れたマーケティングの定義の話に戻って、もう一度よく考えてみましょう。

例にあげた定義には、さまざまな言葉が並んでいますが、「顧客」「価値」「創造」が共通キーワードです。そのキーワードを並べてみると、こうなります。

マーケティングとは「顧客」に向けて「価値」を「創造」することである。

そう考えると、とてもシンプルに理解できるのではないでしょうか。

では、「価値を創造する」とは、どういうことでしょうか？　いや、そもそも「価値」とは何なのか？

ここはマーケティングにとっても、およそどのようなビジネスにとっても重要なことだと私は考えています。

そのためには、まず「ビジネスがどう成り立っているのか」ということから考えてみましょう。

そもそも私たちは仕事の報酬としての対価をいただくために働いていますが、この対価をいただくには、お金を払ってくれる人が必要です。つまり**「お客さま」**がいてこそ、です。

お客さまに「お金を払ってもいい」と思っていただける何かをつくり出す必要があります。お客さまに価値を見いだしてもらえるようなプロダクト（商品やサービス、体験）をつくる、ということです。そのために必要なことをすべてやるのがマーケティングなのです。

《マーケティングとは「お客さま」と「価値」について考えること》

そこで、私の考えるマーケティングの定義をまとめると、こうなります。

【筆者のマーケティングの定義】

お客さまのニーズを洞察し、お客さまが価値を見いだすプロダクトを生みだすこと。さらに、その価値を高め続けて継続的な利益を生みだし、その利益を再投資して新たな価値をつくり続けること。

マーケティングとは「経営」に直結しているのです。

大事なことは、「どんなお客さま（WHO）」に、「どんなプロダクト（WHAT）」を届けて「価値」をつくるのかという、**「WHOとWHATの組み合わせ」**です。

それ以外のいわゆる4つのPのプロモーション（メディアや広告、クリエイティブ手法）やプレイス（販売チャネルや販売方法）、プライス（価格決定）をめぐる話は、WHOとWHATの組み合わせを実現するための手段や方法（HOW）にすぎません。その手段は時代とともに変わり、廃《すた》れてしまうこともあります。

ですから、まずやるべきことは目先の手法に踊らされず、WHOとWHATをしっかりとらえること。

大事なのはWHOとWHAT

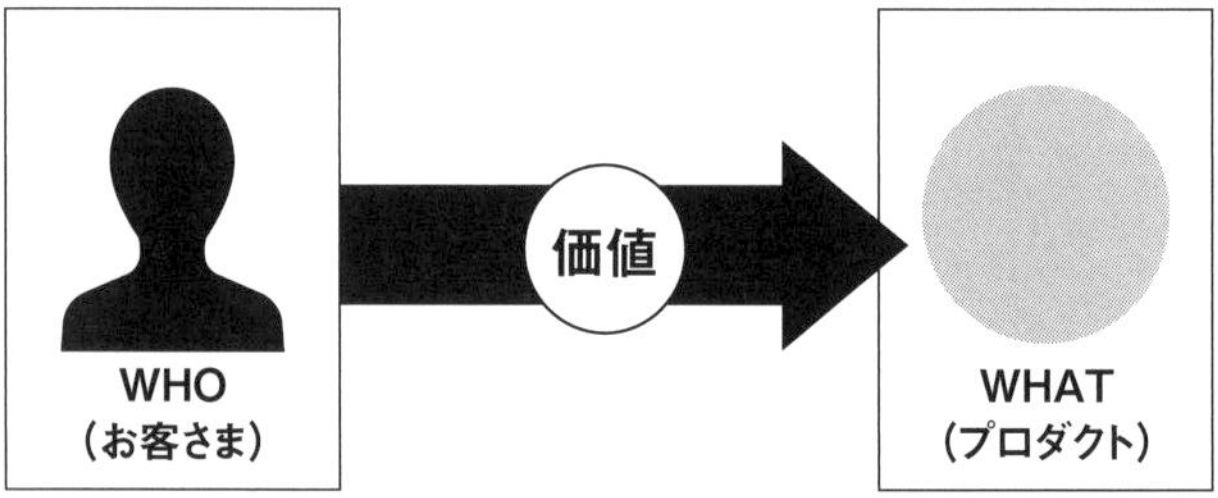

ＷＨＯとＷＨＡＴをきちんととらえれば、やること（ＨＯＷ）も自然に見えてきて、「マーケティングの樹海」でさまようこともありません。

「マーケティングの樹海」を抜けだすための最初のステップは、**「価値とは何か」**を理解することです。

「価値」はどのようにつくられ、どのようにすれば高めることができるのか。次章からは、この「価値」についてお伝えします。

MARKETING

第2章

ADVENTURE

マーケティングとは「価値づくり」

——マーケティングを理解するためのもっとも大切な「価値」の話

MARKETING ADVENTURE

「価値」って何ですか？

《誰が、どんな価値を見いだしているのか》

第1章では、マーケティングでもっとも重要なことは「価値」をつくること、という話をしました。

人は「価値」を感じるものに対価を払います。では、その「価値」とは何なのでしょうか？

たとえば、牛乳メーカーが提供している牛乳を例にして「価値」について考えてみましょう。

まず牛乳に、価値はあるのでしょうか？　その答えは、あるともいえるし、ないともいえます。

というのも、牛乳アレルギーの人にしてみれば、牛乳にお金を払う価値を感じることはできませんよね。牛乳アレルギーのある人に「牛乳いかがですか？　健康にいいです。すごくおいしいですよ」といくらすすめても買ってもらえませんし、むしろすすめないほうがいいでしょう。

一方で、牛乳を継続的に購買し続けるお客さまは、何らかの価値を見いだしているから、お金を払い続けているわけです。

このお客さまは、どんな人たちで、どこに価値を見いだしているのかを洞察することが重要になります。

そして、同じような価値を見いだす人たちに商品を認知してもらい、実際に飲んで「おいしかった」と評価してもらい、継続的に買ってもらうようにするのです。

《「WHO（誰に）とWHAT（どんなプロダクト）」の組み合わせ》

大事なのは、誰に（WHO）、どんなプロダクト（WHAT）を提案するのかという組み合わせです。

価値を見いださない人たちに商品を紹介しても、広告やPR、販売チャネルなどにかけたコストはムダになってしまいます。

そもそもWHO（誰に）とWHAT（プロダクト）の関係が見えていない限り、新しいお客さまは獲得できません。誰がなぜ買ってくれたのかがわからないと、販売戦略を考えることもできないからです。

たとえば、ある時期に牛乳が一気に売れたとしても、実際は、ほかのメーカーが研究開発のために大量購入していて、一般のお客さまはそれほど買っていなかったのかもしれません。

あるいは、ケーキにその牛乳が合うということがわかって、ケーキづくりをしているケーキ屋さんが買ってくれていたのかもしれない。

そうであるなら、一般のお客さま向けだけを考えるのではなく、製菓業界にBtoBのビジネスを提案してもよいというように、WHOとWHATも変わってきます。

このような場合も、WHOとWHATをきちんと検証して展開していけば、そのズレに気づいたときに修正することができます。

何より「WHOとWHATの組み合わせ」が見えていない状態では、HOWは決められません。誰が価値を見いだしているのかがわからなければ、誰に何を訴求したらいいのか、誰に向けて販売促進をしたらいいかもわからないからです。

そんな状態で、商品やサービスのよさを伝えるHOWを「TikTokがいいのか、YouTubeがいいのか、いや、やっぱりInstagramか」などと考えていても答えは出てきませんよね。

せっかくマーケティングを学んでも、WHOとWHATがあいまいなままHOWを実行すると、結果も出ず、無限に広がる選択肢の前で「マーケティングって難しい！」と頭を抱えることになってしまうわけです。

プロダクトが牛乳ならば、「牛乳を求めてぜひ買いたいと考える人たちが買えるような仕組みや販売チャネルはどんなものか」というHOWを考えればいいのです。

ひょっとすると牛乳におけるHOWは、WHOによっては昔ながらの牛乳配達がいいかもしれませんし、近所のスーパーだけでなくコンビニでも提供したほうがいいのかもしれません。

あるいは、「この牛乳を求めている人たちが毎日飲めるような価格帯はどれくらいか」、また「1人だけで飲むのか」「家族で飲むのか」によって、サイズも検討する必要があります。この牛乳を求めている人たちが、もっとも目を惹かれるのはどんな媒体かを考えるのです。

このように、「4P」(HOW)は、WHOとWHATの組み合わせによってまったく変わってきます。

まず、お客さまは誰なのか(WHO)、そのお客さまがプロダクト(WHAT)に、どんな「価値」を見いだしてくれているのかをひも解くことがマーケティングの基本になります。

WHOとWHATの組み合わせ
（お客さまがプロダクトに価値を見いだす）

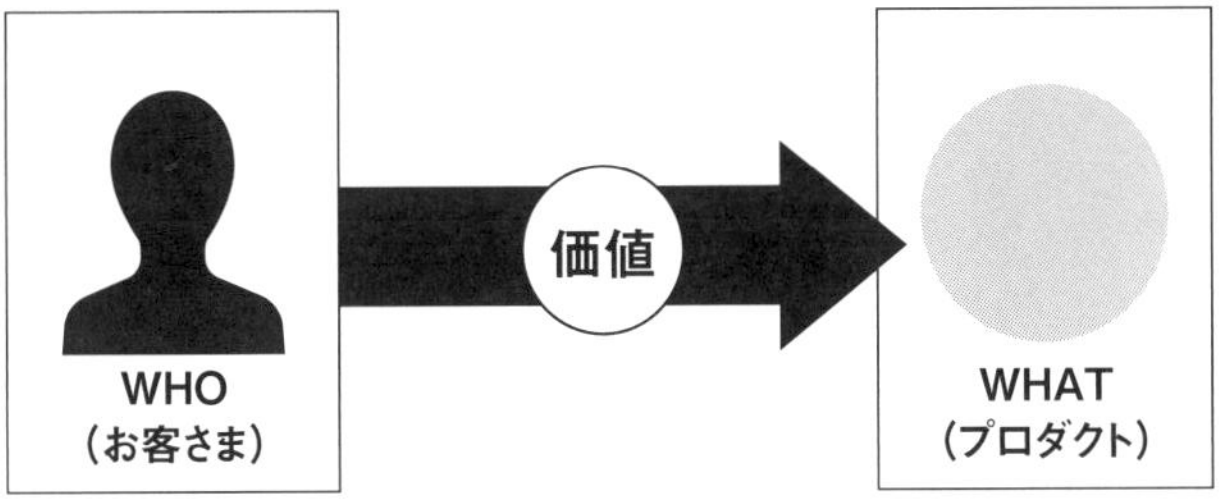

よく「マーケティングとはモノを売る仕組みやプロセス」といわれますが、それらは付帯的なものでしかありません。

「SNSで売る仕組みをつくる」とか「ショート動画でバズらせよう」というのは、すべてHOWにすぎないということです。

マーケティングに取り組むには、まず「WHOとWHATの組み合わせ」を考えるところから入りましょう。

《価値は「便益」と「独自性」で定義できる》

では次に、お客さまが見いだしてくれる「価値」とはどんなものかを考えてみましょう。

「価値」も日常的に使われている言葉ですが、じつはきちんと定義されていません。

私は、次のように定義しています。

【価値とは……】「便益」と「独自性」の両方をあわせ持つものである。

まず**「便益」**とは何でしょうか。英語では「ベネフィット」や「メリット」とも表現されますが、それを利用することによって便利になる、楽しいと感じる、おいしいと感じるなどお客さまに具体的な利益や利便性、快楽などを与えるものです。

有形、無形問わず、悩みが解決する、事態がよくなる、効率がよくなる、不快がな

価値＝お客さまにとっての便益・独自性

便益 ＝ 買う（選ぶ）理由

↓

お客さまにとってよいこと、簡便性、利便性、快楽、問題の解決、負の解消……

独自性 ＝ ほかを買わない（選ばない）理由

↓

競合や代替プロダクトにはない要素

くなる……なども便益です。とにかく今よりプラスになること、マイナスがなくなることも便益です。

たとえば、ひざが痛くない人は「ひざの痛みを治します」というマッサージに便益を感じませんが、ひざが痛い人にとっては便益になりますから、わざわざ時間やお金を使ってでも、そのマッサージを受けたいと思うわけです。

ですから、**便益をシンプルにいえば「選ぶ理由、買う理由」**です。

「独自性」とは、**唯一無二で、シンプルにいえば「ほかの選択肢、競合、代替品を選ばない、買わない理由」**です。

価値＝WHOとWHATの組み合わせ
（お客さまがプロダクトに価値を見いだす）

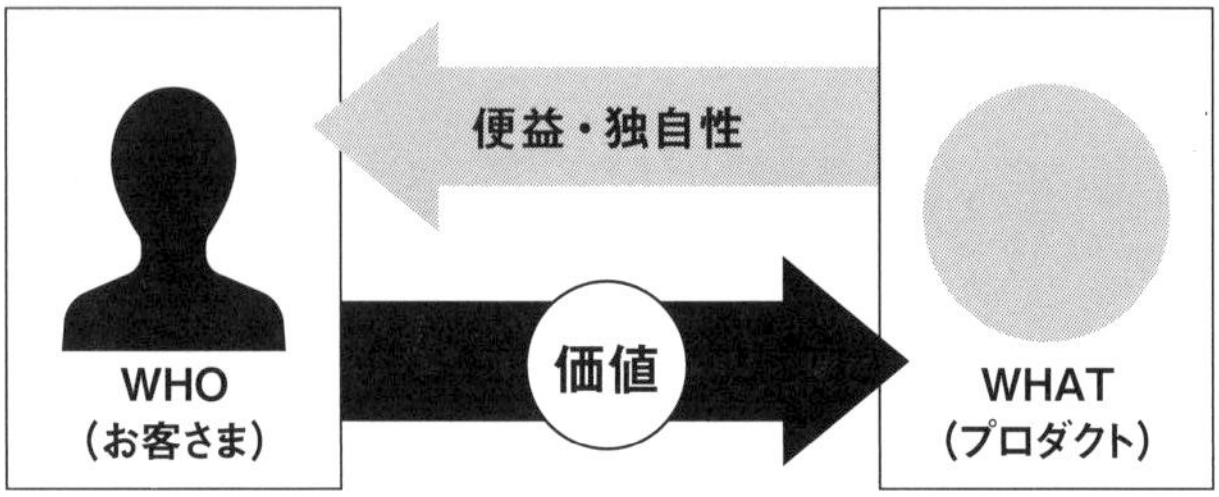

たとえば、山歩きをしていて山奥の商店で仮に200円のミネラルウォーターが売っていたら、おそらく高いと感じますよね。ただ、ひどくのどが乾いていて、ほかにお店が見あたらなかったらどうでしょう。「200円か、高いな」と思いつつ、200円を払って買う人が多いのではないでしょうか。

この場合、「水でのどを潤《うるお》せる」が便益で、「ほかでは売っていない」というのが独自性になります。

このミネラルウォーターの便益と独自性に価値が見いだされた場合、その対価として200円を払って手に入れるわけです。

しかし、この価値は固定のものではありません。あなたの「のどの渇き」が潤えば、その便益は弱くなりますし、ほかの商品や代替品が出てくれば独自性も弱まります。

この商店の100メートル先にコンビニがあって、そこに120円のミネラルウォーターがあることがわかれば、商店のミネラルウォーターの独自性も弱まります。もちろんコンビニまで歩かなければいけないわけですが、100メートル歩けば、同じ便益を手に入れることができるのです。そうなると、商店のほうで200円を出して買う人は少なくなりますよね。

そこで、商店では200円から130円に値段を下げるかもしれません。それで歩かずに130円で買うのか、あるいは100メートル歩いて120円のミネラルウォーターを買うのかは、その人が100メートル移動する労力や時間を考えて10円の差をどう判断するかです。

つまり、**価値とは、お金、時間、あれこれ考える労力や脳を使う力も含めて、それと交換する便益と独自性なのです。**

《人は「便益」と「独自性」に価値を感じる》

場合によっては、便益自体が独自性を持つこともあります。

たとえば、新型コロナウイルスのワクチンもそうです。感染が拡大した当初には何種類かの会社の選択肢がありましたが、モデルナ社のワクチンと、ファイザー社のワクチンが主になります。mRNAタイプのこの2つのワクチンの便益が圧倒的に強かったため、ほかの2つより強い独自性を持ったわけです。

このように便益自体が独自性を持つ場合もあれば、便益と関係ない独自性が存在する場合もありますが、いずれにしても、便益と独自性の組み合わせに対して価値を感じるということです。

さきほどの牛乳の例でいえば、牛乳アレルギーの人にとって牛乳は便益にはならないため、価値はありません。

たとえ、いくら「おいしい低脂肪牛乳」という特徴を持つ新製品ができたとしても、牛乳アレルギーのある人には便益にはなりませんよね。

ところが、牛乳は好きだけれど今はダイエットしている人に、「おいしい低脂肪牛乳」という提案をすれば、便益を感じてもらえる可能性があります。

「おいしい低脂肪牛乳」というのは、低脂肪牛乳は味が薄いものと思い込んでいる人に、「おいしい低脂肪牛乳ができました。こんなに味が濃くておいしいのに、低脂肪です」という新商品ができれば、強い独自性になるからです。すると、その商品は高い値段で売れる可能性が出てきます。

《便益と独自性を「自分ごと化」できたとき、お客さまは価値を見いだす》

このような例からも、マーケティングにおいて特定の誰か（WHO）に対して、便益と独自性を提供し得るプロダクト（WHAT）を考えることが大事になる、ということがわかるでしょう。

なぜなら、**「WHAT（プロダクト）」は、何らかの「便益（選ぶ理由）」と「独自性（ほかを選ばない理由）」を提供し、「WHO（お客さま）」を獲得し、それによって利益を生みだす、というのがビジネスの原則**だからです。

これは、うまくいくときもあれば、うまくいかないこともあります。その分かれ目は、「WHAT（プロダクト）」と「WHO（お客さま）」の間に価値が成立するかどうかです。

これらの関係を整理すると、次のようになります。

- 価値とは「WHO（顧客）」が「WHAT（プロダクト）」に見いだした便益と独自性
- 「WHO（お客さま）」が「WHAT（プロダクト）」が提案する「便益」と「独自性」を自分ごと化して、はじめて価値は生まれる。逆にいえば、「WHAT（プロダクト）」が提案する便益と独自性を自分ごと化しなければ、価値は生まれない
- 「WHAT（プロダクト）」は、価値になるかもしれない便益と独自性を提案しているにすぎず、「WHAT（プロダクト）」自体に価値はない

たとえば、アルコールの飲めない方（ＷＨＯ）にとって、ビールの「未体験の〝のどごしのうまさ〟」を提案しても、そもそもアルコール入りのビールは、この方（ＷＨＯ）には何の価値を持ちません。自分ごと化しないからです。よって、購入には至りません。

しかし、「未体験の〝のどごしのうまさ〟のビールをプレゼントにいかがですか？」と提案すれば、同じＷＨＯであっても、ビールの大好きな友人へのプレゼントとしてならば価値を見いだすことができます。

ビール好きの友人にとっての便益と独自性を「未体験の〝のどごしのうまさ〟」という訴求に見いだし、価値が生まれ、プレゼントすべく購入する。これが価値の成立です。

一方で、この「未体験の〝のどごしのうまさ〟」のビールのノンアルコールバージョンが提案できれば、このアルコールの飲めない方（ＷＨＯ）も、自分にとっての便益と独自性を見いだし、価値が生まれるかもしれません。

《「価値＝お金の評価」とは限らない》

人は便益と独自性を感じるものに価値を感じて対価を払いますが、その対価はお金だけとは限りません。

人気ブランドの新作スニーカーのコラボレーション商品などを手に入れるために、たくさんの人が前日から店の前に並んだりしますよね。または、人気アーティストのコンサートチケットを予約するために何回もネットのサイトでクリックしたり。

それは、便益と独自性を感じたプロダクトを手に入れるために、お金だけでなくて時間や体力を使っているということです。

たとえば、若い男性に絶大な人気を誇る東京の三田にある「ラーメン二郎」は、ご存知の方も多いと思います。

山盛りでコテコテの濃厚ラーメンに行列ができるのは、あの濃い味や盛り盛りの量に便益を感じている人が多いからです。あの店以外にはなかなか見られない量と味の濃さは、便益であると同時に、独自性にもなっています。

ラーメン二郎のファンは若い男性が多く「ジロリアン」と呼ばれていますが、彼らはきっと自宅近くのラーメン屋さんにはあまり並ばないでしょう。そのラーメンにおいしさという便益は感じたとしても、ラーメン二郎ほどの量や濃さという強い独自性を感じないからです。

でも、便益と独自性の両方が成り立つラーメン二郎には、1時間かけてでも並ぶ。考えてみると、その1時間にアルバイトをすれば1000円くらいの収入が得られるかもしれないのに、その時間を並ぶことに使っているわけです。

街中で「○○を無料配布します」という呼び込みにつられて並ぶこともあるかもしれません。その場合は、お金は使っていませんが、何分も並ぶことで時間と体力を使っています。

また、山奥のお寺でしか食べられない豆腐料理や、住宅街を30分歩いた場所にある手打ち蕎麦など、長時間歩いたり移動したりしてようやく手にするプロダクトもあります。

新しいパソコンを買いたいけれど、どれにしたらいいだろうかとスペックを比較して迷っているとき、私たちは時間とともに精神力や知力も使っています。ほかのことを考えたり、仕事をしたり、遊んだりできる時間を迷う時間に使っているということです。

アイドルやタレントの握手会に行くときは、わざわざ時間や体力を使っていますし、推理小説を読むときには時間だけでなく、思考力を使っているわけです。

このように、なんとか自分のものにしたい、食べたい、使いたい、手元に持っておきたいというプロダクトのために、人はお金を使うこともあれば、時間を使うことも、体力や脳の力を使うこともあるのです。

価値といえば「お金の評価」と単純化されて考えられることが多いのですが、それは価値の一側面でしかありません。

価値のある商品やサービスや体験には、その入手手段や交換手段としてお金だけでなく、時間を使うことも、体力を使うことも、脳力（脳を使用する力＝思考・精神力・知力・心・悩み・記憶・マインドシェアなど）を使うこともあるのです。

プロダクトを自分の限りあるリソースと交換

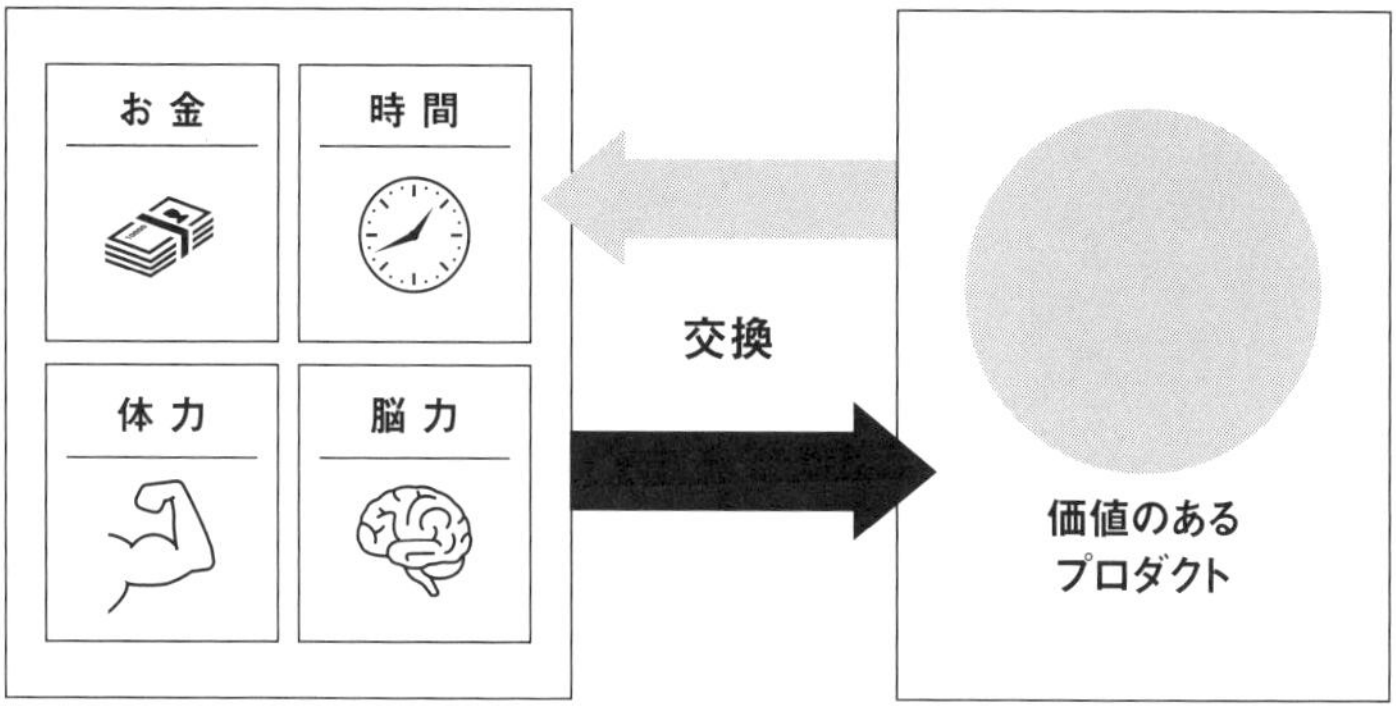

こうしたものは、ほとんど有限です。時間はもちろん有限ですし、お金も中には、ほぼ無限という人もいますが、多くの人にとっては有限です。体力や知力なども無限ではありません。

お金、体力、脳力、時間などの有限の資産と交換してでも手に入れたいと思うものが「価値」なのです。

みなさんも、最近買ったモノやサービス、時間や体力を使ったものを振り返ってみてください。「なぜ、これを買ったんだろう?」、または「今日は何に時間や体力を使ったんだろう?」と分析をしてみると、みなさんが入手した便益と独自性をとらえる速習になります。

私たちの日常の購買行動は無意識に、何らかの便益と独自性にひも付けされているのです。

自分にとっての便益と独自性を分析し、「その商品をこのまま継続して買い続けるのか」「買い続けるとしたら、その理由は何か」を考えてみてください。便益と独自性が何であるかを、よりリアルに理解できるはずです。

私たちは何に「価値」を感じるのか？

≪価値かコモディティか≫

お客さまにとって便益と独自性が強ければプロダクトの価値は高まると同時に、その強さに応じて価格競争への巻き込まれやすさや購買の継続性も変化していきます。

まず、そのお客さまにとっての便益が強ければ強いほど、使用と購買の継続性が高まります。

一方、プロダクトの便益が期待に対して弱いものは、1回使われた時点で「もういらないや」と思われて、次は買ってもらえません。

役に立つとかメリットがあるとか、「これはいい」と思ってもらえる強い便益の実

価値の四象限

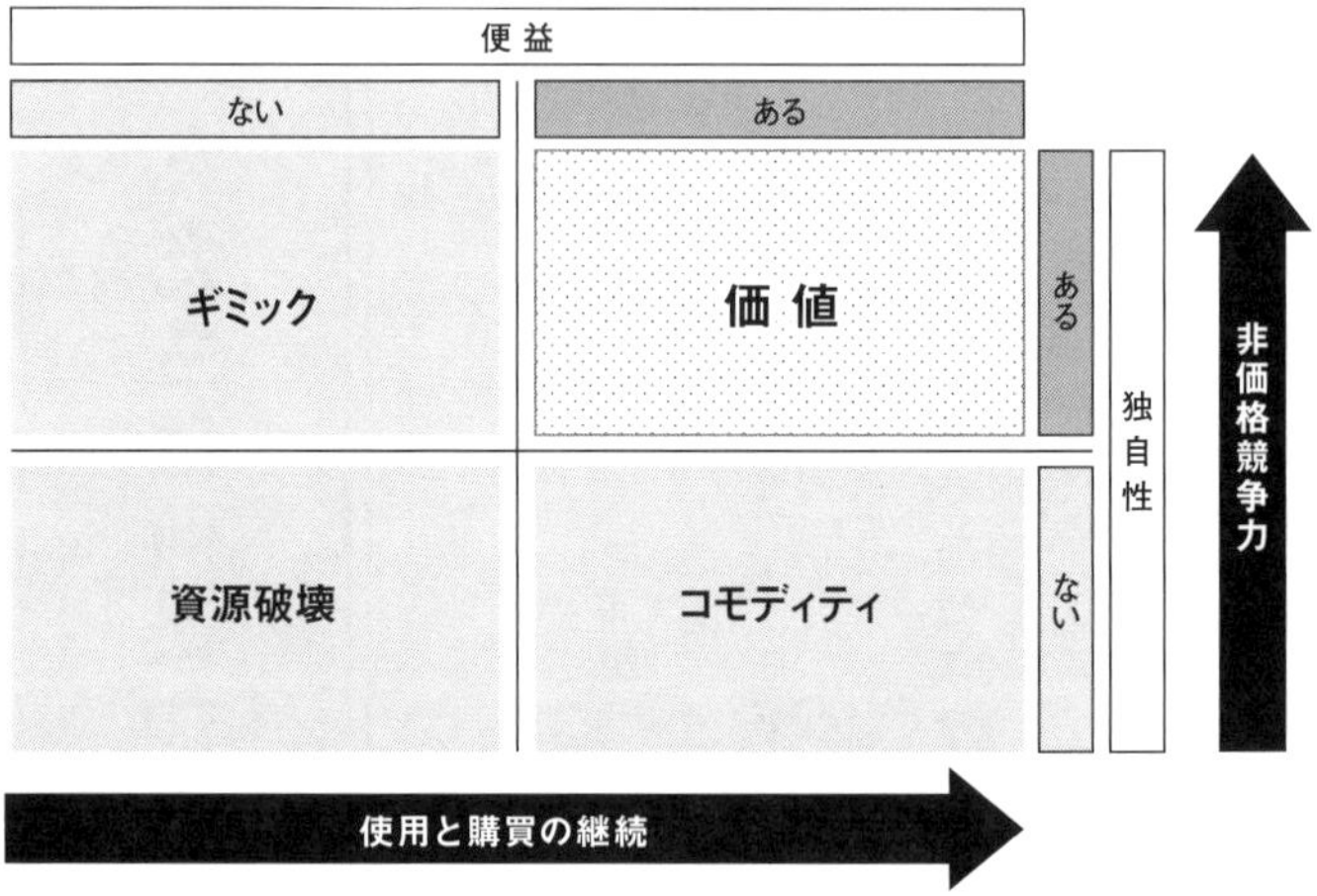

感があれば、購買や使用が続くのです。そして、それがほかの競合するプロダクトに代替できない何かがあれば、つまり顧客にとって独自性が強ければ、価格競争と無縁になります。

そのようなお客さまとプロダクトの関係を表したのが上の図です。縦軸は「独自性」の有無で分類され、ひいてはそれが「非価格競争力（価格の安さ以外での競争力）」につながります。横軸は「便益」の有無で分類され、ひいてはそれが「使用と購買の継続」につながります。

便益もあり独自性もあるのが**「価値」**。便益があるけれど独自性がないのが**「コモディティ」**。便益がなく独自性があるのが

「ギミック（単なる仕かけ）」。便益がなく独自性もないのが**「資源破壊」**。

この図のように、世の中のプロダクトは「価値」「コモディティ」「ギミック」「資源破壊」の４つに分類することができます。

たとえば、世の中にラーメンはたくさんありますが、ラーメン二郎並みにおいしく、かつカロリーが半分しかないというラーメンがあれば、おいしいという便益に加えて独自性も非常に強いため、新しい「価値」の可能性が生まれます。

この便益と独自性を感じる人が多ければ、このラーメンは中長期的な売上拡大につながっていきます。

ただし、味がおいしいというだけでは、ほかにもおいしいラーメンはありますから、ほかの商品に対する独自性が弱く、価格競争に巻き込まれます。

独自性が弱まれば、ほかの商品と代替可能になり、「コモディティ」になってしまうのです。「コモディティ化する」という言葉はよく「汎用《はんよう》化する」という意味で使われますが、商品の価値が他社商品とほぼ同じようなものとして扱われるわけです。

それから、いくらカロリーが通常の半分のラーメンという独自性があっても、おいしいという便益がなければ、人目を引くだけで価値はない「ギミック」になります。一時的に話題になってもお客さまはそれを買うメリットを感じられないため、継続的に売上を伸ばしていくのは難しい状態です。

さらに、おいしくもないし、人目を引くものもないラーメンの場合は、便益も独自性も感じられず、さまざまな資源をムダにして価値を生みだせない「資源破壊」になってしまいます。

《手に入りにくいものは「独自性」となる》

価格が高くても売れるのか、あるいは続けて買ってもらえるのかというのは、便益と独自性を見いだす人がどれだけいるかで決まります。

たとえば2022年5月、画家のアンディ・ウォーホルによるマリリン・モンローを描いた肖像画が1億9500万ドル（当時の為替レートで約250億円）で落札されたというニュースが話題になりました。

これは、ウォーホルがモンローを描いた肖像画をほしいと思う人がたくさんいたということです。

なんとしてでも手に入れたいという思いでオークション会場まで足を運んだり、代理人を立てたりして多くの人が争った結果、約250億円で落札した人がいる。つまり、このモンローの肖像画には、それほど高い価値が発生したということです。

一般的に、価値は希少性に左右されるという側面があります。希少性は独自性ですが、ウォーホルがモンローを描いた肖像画が何百枚もあれば、ここまでの高値はつかなかったはずです。

その反対に、手に入りやすいものは、どんなに便益があったとしても価値は低くなります。

たとえば、空気。空気がなくなると人間は生きていけないため、本来、便益は非常に強いはずですが、とりあえず地球上のほとんどの場所で潤沢に手に入ります（今は）。水中などは例外として、空気を手に入れるために、お金や時間を使う必要はありません。そのため価値はゼロに近いです。

その点、水は微妙です。環境汚染や地球温暖化によって飲料に適している水が減ってきているため、昔はゼロだった価値が徐々に上がっています。浄化してボトリングされた水を入手するためには、お金のほかにも、買いに行く体力や時間も必要です。環境の変化とともに水の価値も変化し、今では価値が発生しているといえるのです。

もちろん、地球の環境破壊が進めば、不幸にも空気も水同様に価値が高まってしまいます。

《価値は、お客さまの思いや状況によっても変動する》

このように、「価値」というものは変動します。

こんな例もあります。2021年3月に、「Twitter社の共同創業者ジャック・ドーシーさんによる「世界初のツイート」のNFT（代替不可能なトークン）が高値で落札されたことが話題になりました。

買い手は、暗号資産起業家のシーナ・エスタビさんで、価格はなんと290万ドル

ジャック・ドーシーさんの「世界初のツイート」のNFT

jack
@jack
just setting up my twttr
ツイートを翻訳
午前5:50 · 2006年3月22日 · Twitter Web Client
11.8万 件のリツイート 1.2万 件の引用ツイート 15.1万 件のいいね

https://twitter.com/jack/status/20

（当時の為替レートで約3億円）でした。

ところが、約1年後にエスタビさんがこのNFTをオークションで売ろうとしたところ、価格が暴落して買い手がつきませんでした。2022年4月21日時点の最高入札額は約3万ドル（約391万円）。手に入れたときの約1%の値段になってしまったのです。

これも、タイミングでWHO（お客さま）の人数が変化して価値が変動することを象徴する印象的なエピソードといえるでしょう。

暗号資産のビットコインも、これと同様に1年ほどの期間に半分以下に暴落していますが、ビットコイン自体は何も変わっていませんよね。供給量が急増したわけではなく、単にビットコインに価値があると感じた人が増えたか、減ったかという話です。

対象物に対して価値を感じる人がどれだけいるのか、また価値を強く思う人がどれだけいるかで、価格が決まってくるということがよくわかると思います。

《そのプロダクトに価値を感じるかどうかは、お客さまによっても異なる》

そのプロダクトに価値を感じるかどうかはお客さまによって違う、ということも忘れてはいけません。

たとえば、私が2017年に参画したスマートニュースでは、大手飲食チェーンのお得なクーポンをまとめてチャンネル化した「クーポンチャンネル」が大成功し、スマートニュース自体のダウンロード数と新規顧客数も激増しました。

飲食店のクーポンをまとめたサイトは、現在では他社でもたくさん提供されていますが、2017年当時には唯一の存在だったため、そこに価値があると感じてくれるお客さまがたくさんいたということです。

ところが、中には価値を感じない人もいました。それはどんな人かというと、外食の習慣のない人です。毎日家で手づくりのご飯を食べたいと考えている人や、自宅や職場の近くに飲食店がない人にとっては、飲食店のクーポンに価値はありません。

そのプロダクトに価値があるかどうかは、お客さまによって変わってくるのです。

このように、あくまで価値というのはそのプロダクトとそのお客さまとの間に発生するものであり、お客さまによってその価値はまったく違ってきます。

お客さまが誰かもわからない、お客さまがどこにいるかもわからない、もしくはお客さまがいるかどうかもわからないのに、「4P」（プロダクト、プライス、プレイス、プロモーション）の企画立案などをしても、あまり意味がないということがおわかりになるでしょう。だからこそ、まず「お客さま（WHO）が誰か」を考えることが大切なのです。

いい商品なのに、なぜ売れないのか？

≪価値は、企業がつくるものではなくお客さまが見いだすもの≫

ここまで、「価値」とは何かについて考えてきました。価値とは「お客さまが便益と独自性を見いだすプロダクトとの関係」でしたよね。

では、「価値」はどうやってつくればいいのでしょうか？

よく企業の広告などで「私たちは価値を創造しています」といったうたい文句が見られますが、そもそも価値は創造できるものなのでしょうか？

結論からいうと、**価値というのは企業がつくりだすものではなく、お客さまが見い**

だすものです。

というのも、どんなプロダクトでもサービスでも、お客さま自身が「これは私にとってよいものだ（便益がある）」、そして「ほかでは手に入らない（独自性がある）」と思わなければ、価値にはならないからです。

このように、価値とはプロダクトそのものにあるのではなく、お客さまが商品やサービスに触れて「価値がある」と認めたときにはじめて発生するものです。**価値を感じる具体的なお客さまがいて、はじめてその価値が生じる**のです。

いってみればウォーホルの絵も、価値を提案し得る可能性を持っているだけです。2022年5月の時点では250億円で売れた絵も、世の中に「ウォーホルなんて古い」などという風潮が広まったら、暴落する可能性もあります。

そこを勘違いして「価値をつくっているのは、われわれ企業サイドだ」と思い込むと、お客さまからどんどん離れていってしまうことになりかねません。

さきほど紹介した次ページの「WHOとWHATの組み合わせ」の図をもう一度見てください。大事なことなので繰り返しますが、価値はあくまでお客さま側が見いだ

価値＝WHOとWHATの組み合わせ
（HOW＝WHOとWHATの組み合わせの実現手段）

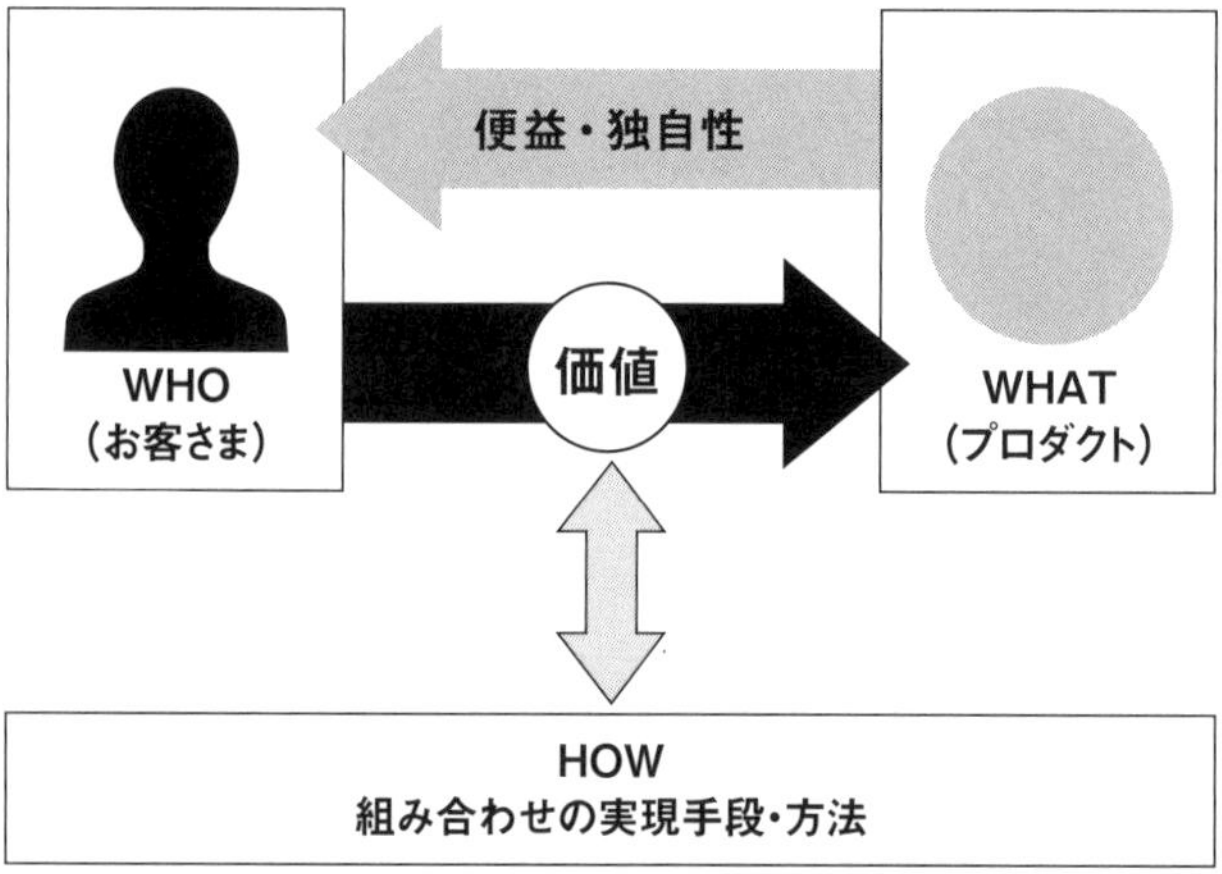

すものであって、企業側は「あなたにとって、価値があるかもしれませんよ」と、便益と独自性を提案しているにすぎないのです。

とくにマーケティングに携わる人は、自分たちがお客さまに価値を提供していると考えるのではなく、**「お客さまは何に価値を見いだすのか」**を起点にする必要があります。これは、どんなビジネスであっても忘れてはならない重要なポイントです。

では、ここで「価値とは何か」をまとめます。

【価値とは……】お客さまが持つ有限の資産（貨幣・時間・体力・脳力〔脳を使用する力〕）と交換して入手したいと思う「便益」と「独自性」への欲求であり、お客さまがプロダクトに見いだすものである。

マーケティングに携わるうえでとても大事なことです。このことがわかっていれば、WHOとWHATの価値づくりに目を向けるため、安易にHOWに飛びつくこともなく、「マーケティングの樹海」をさまようこともないからです。

《お客さまが見えなければ、プロダクトの価値は存在しないのと同じ》

では、お客さまに自社のプロダクトに価値を見いだしてもらうためには、どうしたらいいでしょうか？

まずは、**そのプロダクトを買ってくれている、もしくは利用してくれているお客さ**

まが、そのプロダクトにどんな便益と独自性を見いだしているのかを知ることです。

「価値を見いだしてくれたお客さまはどんな人で」「なぜ価値を見いだしてくれたのか」ということを探ります。つまり、「お客さまの特徴（ＷＨＯ）とプロダクトの便益と独自性（ＷＨＡＴ）の組み合わせ」を同時に見つけだすということです。

それがわかったら、同様にその価値を感じてくれそうな潜在的なお客さまを探しだし、便益と独自性を伝えます。また、お客さまがほかのプロダクトに心変わりしないよう、便益と独自性を高め続けることも忘れてはいけません。

お客さまに便益と独自性を伝え、プロダクトの便益と独自性を高め続ける。それらをひと言で表すと**「価値づくり」**です。

つまり、**マーケティングとは、お客さま（ＷＨＯ）とプロダクト（ＷＨＡＴ）の間の「価値づくり」**ともいえるのです。

《自らのプロダクトの価値を知らなければ、当然伝えられない》

世の中には、自社のプロダクトの便益と独自性の可能性を自分たちで把握できていない企業も少なくありません。しかし、売っている側が自らのプロダクトの便益と独自性を認識していなければ、潜在的なお客さまにプロダクトの価値を見いだしていただくことはできないのです。

私は、よく「うちの商品、こんなにいい商品なのになぜか売れないんです。どうやって売ったらいいですかね？」といった相談を受けることがあります。その商品が売れない理由には、次の2つが考えられます。

①価値をつくり得る便益と独自性を、それを必要とするお客さまに伝えきれていない
②自分たちが信じて伝えている便益と独自性に、お客さまが価値を見いだしていない

まず①について、その商品がどんな便益と独自性を提供し得るかは、「お客さまはどんな人か」「どんな便益と独自性に価値を感じてくれているのか」ということがわかってはじめて見えてくるものです。

そのため、潜在的なお客さまにプロダクトの価値を届けられていないという事態は多く見受けられます。

②は、自分たちは自社のプロダクトに便益や独自性があると思っているけれども、お客さまから見る限り、それほど強い価値や他社のプロダクトとの差があるようには見えないというパターンです。これもよく見られます。

どんな企業でも自社のプロダクトに対する思い入れがあるため、他社のプロダクトとの大きな差異を感じているのかもしれませんが、一般の人にはそれがわかりません。社内での評価とお客さまの評価が乖離《かいり》していることもあります。

自社のプロダクトが売れていないとしたら、単純に、そのプロダクトの便益と独自性の提案に価値を感じている人が少ないということです。

潜在的なお客さまに価値を届けられていない、他社のプロダクトに比べて便益や独自性がないという問題を回避するためには、ここでも「どう売ったらいいか（HOW）」よりも、「誰に（WHO）、何を（WHAT）提案すれば価値を見いだしてもらえるか」の組み合わせを考えることに尽きます。

お客さまがどんな便益と独自性を見いだしているかを洞察して、その関係を広げていくことからはじめるのです。

《「とりあえずSNSで話題づくり」がうまくいかない理由》

マーケティングで「価値づくり」としてやるべきことは、お客さまのニーズを洞察し、お客さまが便益と独自性を見いだすプロダクトやサービスを生みだすことです。

さらに、その価値を高め続けて継続的な利益を生みだし、その利益から新たな価値をつくりだすために再投資していきます。

しかし、マーケティング担当者や経営者の中には「どうしたら売上や利益が伸びるか」という方法論（ＨＯＷ）ばかりを求めていて、「お客さまが誰なのか（ＷＨＯ）」を理解しようとしていないケースが多いです。

私がこれまで２００社以上の経営の相談を受けた経験からも、本当にお客さまの立場に立ってその価値観やニーズを深く汲み取り、事業を進めようとしている企業は少なかったです。

その反対に、多いのは「〇〇のような面白いＣＭをつくってください」とか「とりあえずSNSで話題をつくってほしい」といった相談です。

「お客さま（WHO）」と「見いだした価値（WHAT）」がしっかり把握できていれば、HOWを導くことは難しくありません。しかし、HOWから入ると、本来届けるべきお客さまは目に入りません。

とりあえずTikTokで話題づくりをしても、届けるべきお客さまがTikTokを見ていなかったら効果がないのは当然です。

まずはWHOとWHATを考えたうえで、それに見合ったHOWを決めていきます。

《「プロダクトアイデア」と「コミュニケーションアイデア」》

プロダクトを開発して販売する際には、「プロダクトアイデア」と「コミュニケーションアイデア」の2つが必要になります。

「プロダクトアイデア」とは、商品やサービスそのものに関わるアイデアのことです。そもそも、どんな便益と独自性を持つプロダクトかです。

一方、**「コミュニケーションアイデア」とは、プロダクトの便益と独自性をお客さ**

まに伝え、購買行動を起こしてもらうための訴求のアイデアを意味します。テレビCMやPR、イベント、キャンペーンなどをどうするか、ということです。つまり、HOWの一部です。

この2つのうち、継続的に売上を拡大させていくために重要な要素は、プロダクトアイデアのほうです。

なぜなら、いくらテレビCMなどにお金をかけて便益や独自性への期待を伝えても、購入した商品が、それに見合わず満足してもらえなければ次の購入はないからです。

にもかかわらず、社内で売上拡大のためのブレストや会議をしていると、どうしても「どう売る？（HOW）」といったコミュニケーションアイデアに話が進みがちです。どんなにコミュニケーションアイデアが優れていても、プロダクトアイデアが弱ければ、一時的に売れても中長期的な売上拡大にはつながりません。

まずはプロダクトアイデアを強力にする。つまり、「そのプロダクトのお客さまは誰なのか（WHO）」「どんな便益や独自性を提案すべきか（WHAT）」を検討するのです。

《企業が陥りがちな「自らの価値に気づいていないケース」》

ビジネスの現場では、プロダクトの技術開発者やエンジニアは開発時に具体的なお客さま像をイメージしていることも少なくありません。もしくは、創業者自身が自分のほしいと思うものを開発していることもあります。

ただ、一般的に技術畑や開発畑の人は、「マーケティング」に対して自分とはまったく違う世界のものという認識を持っていることが多いようです。「マーケティングとは売る施策を考えること」「専門家や広告代理店に任せること」というイメージも強いため、マーケティングに対して距離をとる傾向にあり、開発側が持っているお客さま像が社内で共有されていないケースも多々見られます。

一方、HOWばかり意識しているマーケティング部門の人は、そのプロダクトに価値を見いだしてくれるはずのお客さまの存在に気づかない。そのため、本来はそのお客さまに対して届けるべき便益と独自性があるのに、価値を見いだしてくれそうもない人たちに向かって訴えていることも。

自社の開発チームは、誰がお客さまかわかっているのにもかかわらず、結果的に、そのプロダクトを真に欲しているお客さまには届かない、つまり商品が売れないということになってしまうのです。

コミュニケーションアイデアを考える前に、プロダクトアイデアをＷＨＯとＷＨＡＴの関係で徹底的に考えることで、売上拡大のチャンスが見つかることが多いです。

これまでさまざまなプロダクトや事業に関わってきましたが、**「既存の商品やサービスでは新しいお客さまはもう増えない」というケースはありませんでした。**

プロダクトの成長余力を１００％発揮できているケースはまれで、ＷＨＯとＷＨＡＴの関係で考えていないので、企業がその成長余力に気づいていないケースのほうが多いと思います。

一方、自分たちが提供しているプロダクトの価値に気づいて成功したケースには、こんな話があります。

料亭や日本料理店で料理を出す際に葉っぱを飾ることがあり、これは「つまもの」と呼ばれています。野山にあるときは、ただの葉っぱなのに、食卓に飾れば美しく食欲をそそり、食体験を演出する飾りや器になるわけです。

徳島県上勝町《かみかつちょう》に、先駆的にこの事業を起こした「株式会社いろどり」という会社がありますそこでは過疎化の進む集落で、平均年齢70歳以上の女性たちにきれいな葉っぱを集めてもらい、料亭などの飲食店に卸しているそうです。

この事業をはじめた方は、野山にある葉っぱが提供し得る便益と独自性を見つけたのです。そして、その価値を感じてくれるお客さま（飲食店のオーナーや飲食店のお客さま）を探しだして提供した。

葉っぱの事業は今では町を代表する事業に成長しているそうで、葉っぱに便益と独自性を見いだし、それを必要とするお客さまにつなげることができれば、新しい価値をつくりだし、立派なビジネスになるという一例です。

《価値を高め続けて、継続的な利益を生みだす》

お客さまがプロダクトの便益や独自性を見いだしてくれれば、それがプロダクトの価値となります。

そのために、企業はプロダクトの便益や独自性を磨き上げる必要がありますが、その際には**「継続性」**という視点も重要です。

ビジネスというのは一過性では成り立たないので、継続的な利益を生みだすために、その価値を高め続ける必要があるのです。

たとえば、ラーメン屋さんが腕によりをかけた豚骨ラーメンをお客さまに食べてもらっても、味がイマイチだったら継続してもらえませんが、おいしければ次も来てもらえます。

ただし、それも永遠には続きません。お客さまも最初は「おいしい」と感じていた豚骨ラーメンの味に飽きてくるかもしれません。

人は経験を重ねるうちに、最初は素晴らしいと感じていたものが当たり前になっていき、しだいに価値も変化していくからです。

そこで、店としては豚骨ラーメンにバリエーションを加えるとします。「カロリー半分なのに、濃さ2倍」の豚骨ラーメンを提供し、さらにおいしくなり、体にもいいとなると価値は高まるかもしれません。

しかし、そこに競争相手が現れてくると、また豚骨ラーメンの価値が相対的に下がっ

価値の四象限

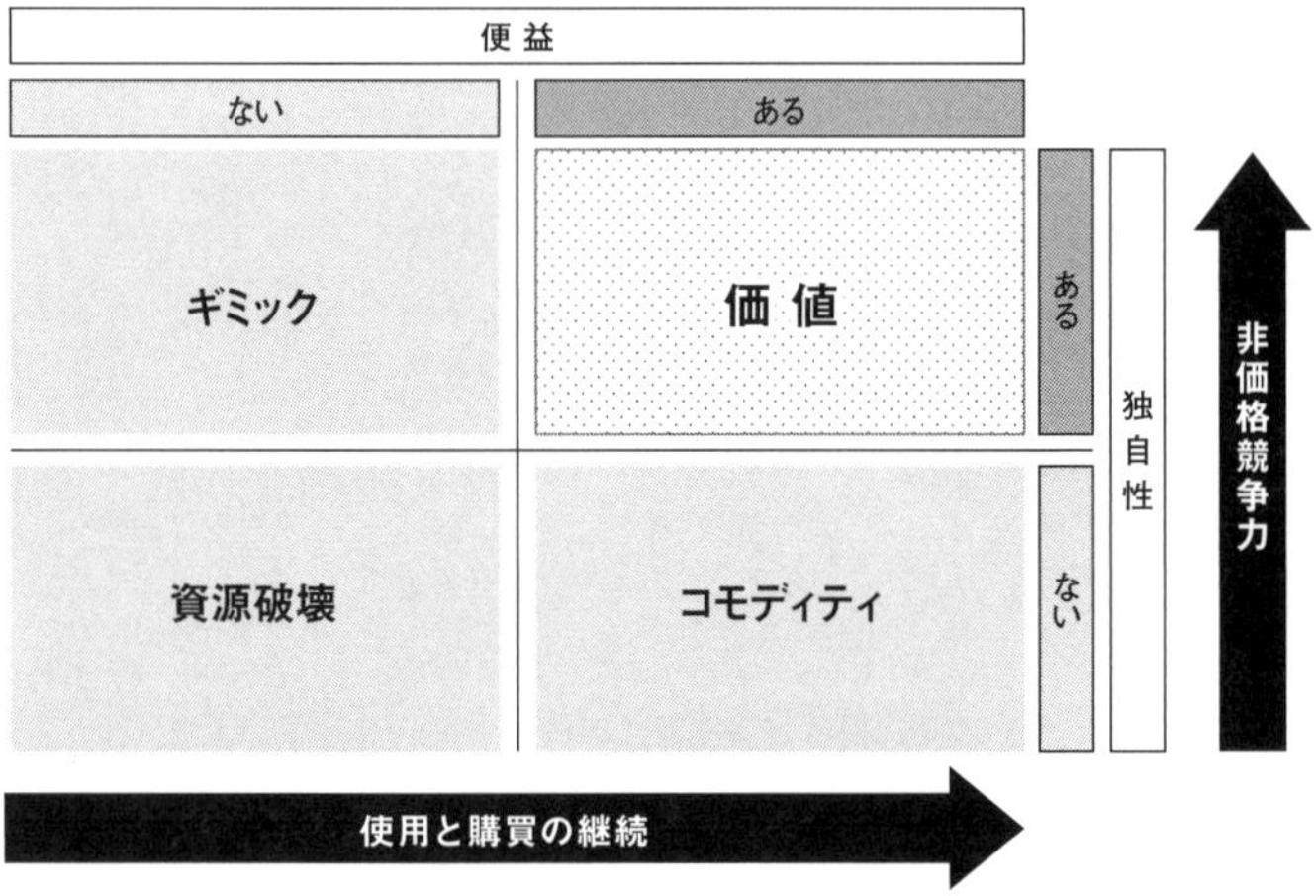

てしまいます。豚骨ラーメンのカロリー半分を売る二番煎じの店が近くにできれば比較対象ができるため、お客さまが離れていく可能性もあるでしょう。そうなるとコモディティ化して、価格競争の状態に入ってしまいます。

その場合はさらに便益を強化するか、独自性を追求しなければ、価値は下がってしまいます。さきほどの図（上）でいえば、常に右上の「価値」の象限に上げていく努力を続ける必要があるということです。

便益と独自性を高め続けていくことでのみ、お客さまに継続的に購買してもらい、売上を上げ続けることができるのです。

《マーケティングの目的はシンプル。価値をつくり続けること》

便益と独自性を磨き続けて価値を高めていくということで思いだすのは、ネスカフェブランドを展開するネスレ日本のプロダクト提案です。

ネスレでは、もともと1杯あたり約10円のインスタントコーヒーを売っていたのですが、2013年からは「ソリュブルコーヒー」として商品特性も大きく改良しています（「ソリュブル」というのは溶けやすいという意味）。ソリュブルコーヒーになって、1杯あたり約15円になりました。

インスタントコーヒーは、ほかにもたくさんあるため、どうしてもコモディティのエリアでの価格競争になりがちですが、ネスレはプロダクト自体変えることで差別化をしたということです。結果的に値段が上がっても、その価値は下がりませんでした。

さらにネスレは、「ドルチェ グスト」というシリーズもはじめました。これはカプセル式のコーヒーメーカーを無料でレンタルでき、コーヒー豆が封入されたカプセルを買えばいいだけの商品で、1杯約50～80円程度です。

家庭用コーヒーの非価格競争力

インスタント	ソリュブル	ドルチェ グスト
1杯 約10円	1杯 約15円	1杯 約50〜80円

私もこのドルチェ グストを使っており、挽《ひ》きたてのコーヒーの味を簡単に、しかもさまざまなバリエーションを楽しめるという独自性を強く感じています。

製法を変えて味や香りを改良したり、より本格的な抽出方法にこだわったりしながら、便益と独自性を強めて価値を高め続けているのがネスレのビジネスといえるでしょう。

このように、お客さまがプロダクトに便益と独自性を強く感じていれば、プロダクトの価値が高まり続け、お金を払い続けてもらえます。これらが欠けていると、最終的にはコモディティ化して価格競争に巻き込まれることになります。他社に真似をされ、追随されてしまうこともありえます。

便益と独自性を磨き続け、お客さまが離れないようにしていくことで、売上も上がっていくのです。

マーケティングの目的は、プロダクトの価値をつくり続け、強化し続けること。

そのような意味でも、「誰かにとって明確で、簡単に代替されない便益と独自性は何か」。そして「自社が提供し得る価値は何か」。この2つを考え続け、提供し続けることが大事なのです。

MARKETING

第3章

ADVENTURE

価値は「お客さま」と向き合うことでわかる

——価値をどう知り、どうつくるか

「お客さま」を理解するためには、まず何からはじめればいい？

《すべては「たった１人の実際のお客さま」を理解することから》

前章では、「価値とは何か」という話をしてきました。

そのプロダクトの価値を高めるためには、「お客さまは誰か（ＷＨＯ）」「そのお客さまが見いだしている便益と独自性は何か（ＷＨＡＴ）」という組み合わせをしっかり把握することです。

では、「お客さま」を理解するためにはどうしたらいいのでしょうか？

その方法はいろいろあります。たとえば、ＰＯＳデータや会員カード情報、購買履歴データ、Webやアプリのアクセス情報、Eメール開封率といった「行動データ」からお客さまの行動を分析することができます。

さらに、そのお客さまの行動を左右した心理を探るのが「心理データ」で、顧客アンケートなどの量的調査を行って、プロダクトの購入のきっかけやプロダクトの認知度などを探ります。

ただし、こうしたデータ分析だけでは不十分です。なぜなら、**お客さまは、購買行動の裏にある深い心理に自分自身で気づいていないことも多い**からです。

自分がなぜその行動を起こしたかという理由を明確に認識している人は多くありませんし、言語化できない潜在的なニーズを抱えていることもあります。

そのため、私がもっとも大切にしているのは、**具体的な1人のお客さまの理解**です。私はそれを「N1分析」と呼んでいます。

1人のお客さまに対して、「その商品を知ったきっかけ」「その際に、どう感じたか」「なぜその商品を買ったのか」「なぜ購買を続けているのか」を時系列で掘り下げていく「N1分析」を行うことで、購買行動の裏にある深層心理を徹底的に理解するのです。

具体的な1人のお客さま（N1）に対するインタビューや店頭における購買行動の観察などを通して、購買行動の裏に隠れた深層心理を理解し、ビジネスを成長させる便益と独自性のアイデアを見つけだしていきます。

大事なのは、平均値でもない、ペルソナ（架空の人物）でもない、具体的な1人を徹底的に理解するということです。

さらにいえば、「30代の女性で、世田谷に住んで……」などというように、実際に存在しないペルソナという人間像をつくることはしません。

《「1人のお客さまだけの理解で本当に大丈夫か」という心配に対して》

「1人のお客さまに絞り込む」というと、多くの人が不安を感じるようです。

「1人のお客さまの情報では、偏った結果になってしまうのではないか」「大勢に向けて商品のPRや広告をするほうが、投資対効果があるのではないか」。そのように考えて、結果的に不特定多数の消費者に向けて画一化された「マス思考」で施策を行う企業も少なくありません。

また、「お金を払ってもいいと思う誰か1人について理解したところで、それはその人だけの話ではないか」と思い込んでいる人も多いのですが、実際にはそんなことはありません。

誰か1人がお金を払ってでも手に入れたいと思っている価値に対して、同じように価値を感じる人は何千人、何万人、何十万人、何百万人といるのです。

とくに、実在する誰か1人が強い価値を感じているプロダクトには、同様に反応してくれる大勢の潜在的なお客さまがいます。

これまで30数年間マーケティングに関わってきて、1人の分析結果から見つけだした便益と独自性がほかの人にまったく刺さらなかったという事例は見たことがありません。

1人が価値を感じるものに対しては、必ず同じように反応を示す人が多くいる。

たとえば、私がスマートニュースのマーケティングに携わっていた際、クーポンチャンネルをはじめる前に、ある1人にインタビューをしました。

インタビューをするなかで「どの店がいつどんなクーポンを発行しているかわからないので、気づかなくて損した気持ちになる」「いちいち、それぞれのお店の情報をチェックしないといけない」という声をもとに、「ならば、スマートニュースでクーポンをまとめてチャンネル化してみては」というアイデアにたどり着きました。それがさまざまな企業のクーポンが一覧でき、入手できる「クーポンチャンネル」です。

そして、「クーポンチャンネル」のCMによる効果も大きく、スマートニュースは2019年1月には世界累計4000万ダウンロード、月間使用者数1000万人を突破。日本最大のニュースアプリとして成長しました。非常に多くの方が価値を感じてくれていたのです。

このように、価値を感じてくれる人を1人見つけだせば、プロダクトの便益や独自性などによっても規模に違いはありますが、必ず同じように価値を見いだす方が一定数出てくるのです。

「WHOとWHATの組み合わせ」がどこまで大きくなるかはさておき、そもそもWHOとWHATが1人にしか成立しないものはまずありません。

平均値からは本質は見えてこない

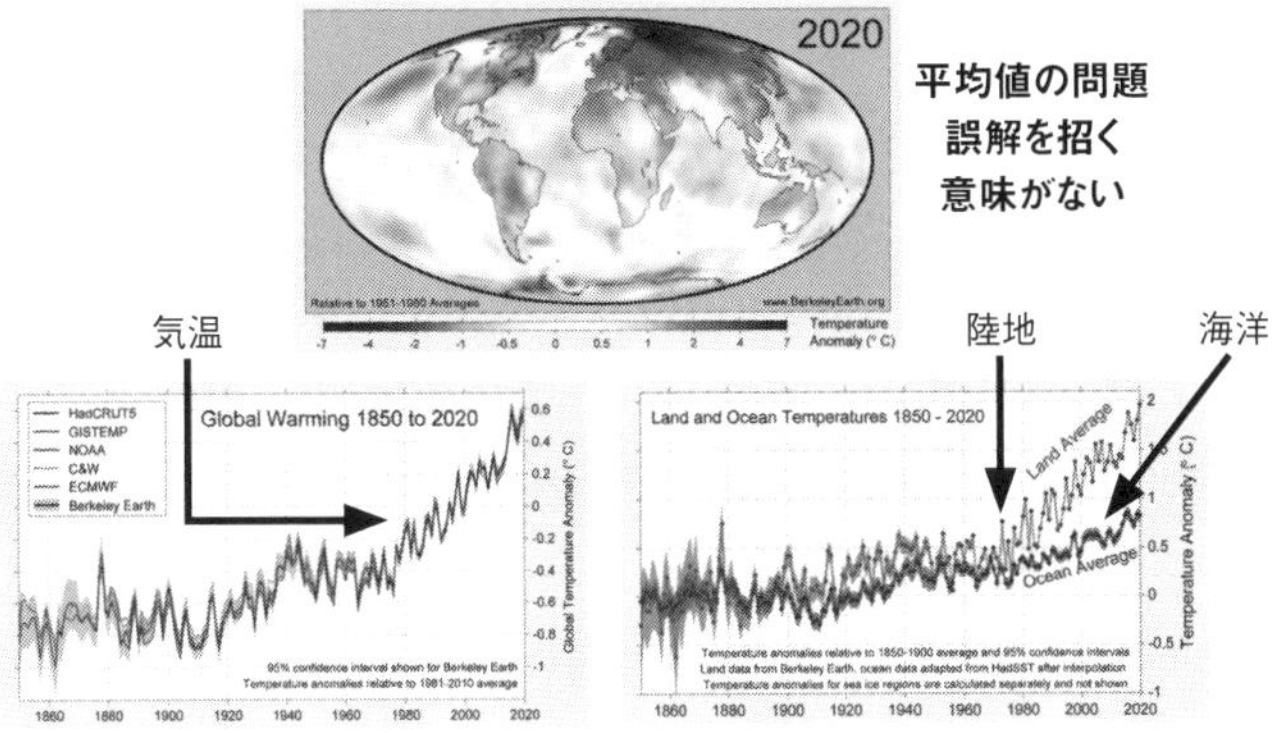

https://www.cbsnews.com/news/2020-warmest-year-tied/

《平均だけを見ていると、本質は見えてこない》

大勢に向けて施策を考える「マス思考」の弊害は、平均値しか見えなくなり、最大公約数的な施策が多くなることです。

最大公約数的な施策が持つデメリットを、地球温暖化を例にして考えてみます。

図の左下のグラフの気温上昇の平均値を見ても、「地球温暖化が進んでいる」ことしか見えてこないため、具体的なアクションを起こしようがありません。でも、右下のグラフのように海洋と陸地に分解してみると、じつは海洋よりも陸地の温度が上がっていることがわかります。

海水温度も上がっていて漁獲高への影響も出ていますが、より問題が深刻なのは陸地のほうです。

その上昇を地域ごとに見れば、世界の食糧供給を担う大きな穀倉地帯との重なりがあります。この地域の温暖化こそが具体的な問題であって、このままでは、砂漠化も進み、穀物や農作物の収穫量も大幅に減っていきます。

つまり、まずは陸地の穀倉地帯の気温上昇リスクにいかに対処し、食糧生産をどこで確保するかが重要だという話につながっていきます。

このように平均値を見ているだけではものごとの本質は見えず、問題解決の具体策が見えてこないのです。

このことを、別の例題でも考えてみましょう。

Q

家に3人の友人を呼んで、料理を出そうと考えています。友人たちに好きな食べ物を聞いたところ、それぞれ「カレーが好き」「ハンバーガーが好き」「寿司が好き」と答えました。3人とも好みがまったく違います。

では、あなたは次の3つのうち、どれを選びますか？

A：みんなの好きなものが合わないので、とりあえず鍋料理を用意する
B：3品とも少しずつ用意する
C：とにかくおいしいカレーをつくる

友人たちを喜ばせるためには、どんな料理を出せばいいのか。もちろん、絶対の正解という答えはないでしょう。

ただ、私は一番うまくいく確率が高いのはCではないかと考えます。その理由はこうです。

Aの鍋というのは「つぶし」が効くと考えるかもしれませんが、もともと誰も鍋を欲していなかったため、誰も満足しない可能性が高くなります。まさにマス思考で、誰に対しても向き合っていないため、嫌がる人がいない代わりに高い価値を見いだす人もいない選択です。

Bの「3品とも少しずつ用意する」というのも突出するものがなく、みんながそこそこの価値しか感じられない可能性が高くなります。これもマス思考です。

Cを選択した場合、3人のうち1人は必ず高い価値を見いだします。そこで本当においしいカレーを出すことができれば、残りの2人もよほどカレーが苦手でない限り、「ふだん、カレーはあまり食べないけど、これは本当においしい」と予期していなかった価値を感じてくれる可能性が高くなります。

1人の人が認める価値をさらに強化して提案することによって、同じように「価値」と感じてくれる人が出てくるということです。

テレビCMなどに大規模な投資をするマスマーケティングのように、本来は多種多様な趣味趣向を持っているお客さまを「大きな集団」でとらえ、画一的な施策を行っても、それぞれの心には響きません。

また、マーケティング知識として、「4P」と並んで有名なSTP（マーケットをいくつかのセグメントに分解してターゲットのお客さま層やポジショニングを設定する）、３Ｃ分析（カスタマー：Customer、競合：Competitor、自社：Company に関して行う分析）、ＰＥＳＴ分析（政治的要因、経済的要因、社会的要因、技術的要因のマクロ分析）なども思考のきっかけにはなりますが、誰がやっても似たような結論にしかならないので、強度のある便益と独自性を見いだすには不十分です。

それよりも、具体的な１人のお客さまを徹底的に理解して、そのお客さまが見いだしている便益や独自性に注目し、強化していくことで、同じように便益や独自性を感じる人たちを増やす可能性が広がっていきます。

そのためにも、まずは１人が認める価値をしっかり突き詰めるのです。

「お客さま」の分析結果をどうマーケティングに活かせばいいのか？

《お客さまのその行動は、どんな心理から生じたのかを深掘りする》

お客さまの購買行動の裏にある心理や人を動かす隠れた心理（これを「インサイト」といいます）を探るために行うのが、「N1分析」です。先述したようにインタビューや店頭の購買行動の観察などを行って、お客さま1人ひとりの分析をしていきます。

中でも、お客さまの心の中に深く入っていけるのは、直接の会話やインタビューです。お客さまの表情や話し方、言葉の使い方などから微妙なニュアンスがわかり、「今の言葉はどういう意味だろう？」「これは本当に望んでいらっしゃることかな？」などと掘り下げながら心情の理解を進めていくことができるのです。

こうした「N1分析」を通して、そのプロダクトの便益と独自性を導きだします。さらに必要に応じて、量的調査も行い、その便益と独自性に価値を見いだす人がどのくらいいるのかを調べていきます。

私がロート製薬に在籍していたときに携わった男性用のボディシャンプー「デ・オウ」も、「N1分析」によって大きなヒントを得ました。

男性用ボディシャンプーを新たに投入することになり、私は「男性がどんな洗浄料をどのように使っているのか」を銭湯やゴルフ場のお風呂場などで観察しました。するど、銭湯に数日通ったところ、数は少ないながらも一定の割合で、石鹸とナイロン製のタオルでゴシゴシと体をこすっている人がいることに気づきました。

さらに、友人の男性に「N1分析」をすると、彼も「既存のボディシャンプーは男性用でも女性用っぽくて、ぬるぬるする感じがして、好きではなく、石鹸でこすって洗うほうがいい」と、石鹸で熱心に洗っているとのこと。

その後、ある夏の暑い日に、汗をかきながらエレベーターに乗った際、同乗している女性が、ニオイを避けるそぶりを感じたときに、「自分のニオイを消したい」という気持ちを実感。いい香りにしたいではなく、消したい欲求もあるのだとわかりました。

そこから「石鹸のように＋デオドラント＝ニオイの除去」というコンセプトから「デ・オウ」が誕生。2013年に発売した「デ・オウ」のパッケージには「根こそぎすっきり　男のニオイ徹底除去」と打ちだし、発売から半年で男性用全身洗浄料市場においてNO・1にまでなったのです。

《「便益と独自性の引き出し」が増えると、マーケティングスキルも磨かれていく》

「N1分析」では、他社の製品を使っている「未購買顧客」にもインタビューを行います。

たとえば「シャンプー」というカテゴリーの場合、髪を洗う際もシャンプーではなく石鹸で洗うというように、そもそも該当カテゴリーの製品をまったく使っていない人も中にはいますが、他社製品を使っていることが多いです。

そこで、自社製品を買っていない人にインタビューをする際には「何をしたら、他社製品から自社製品に移ってもらえるか」という目的意識を持って行います。

競合他社のお客さまの心理を理解することで、どのような便益と独自性を提案すれば、自社製品を選択していただけるかのヒントが見えてくるのです。

現時点ではそれらが自社で実現できなくても、「新商品を開発する際には、どういう機能や特徴に注力すべきか」「どんな便益や独自性の可能性があるか」という発想につながっていきます。

自社のプロダクトの実際のユーザー20人にインタビューをすれば、こうした可能性を少なくとも20通り以上考えることになるわけですから、**インタビューの経験が積み重なるにつれて、さまざまな便益と独自性の提案を思いつく「引き出し」が増えていきます**（20人にインタビューする場合も、1人ひとりの心理を掘り下げていきます）。

こうした「引き出し」が増えることで、お客さまへ提案すべき価値を見つけだす力も磨かれていくのです。


また、新商品を出す前には、「その商品が提供し得る便益が競合する分野は何か」「代替する分野は何か」ということを考えて、異なる分野の調査をすることもあります。

仮にヨーグルト製品を販売しようと考えたとき、ヨーグルトの便益の1つに「お通じがよくなる」ということが考えられます。

「お通じがよくなる」という便益を持つ競合を考えてみると、便秘薬も考えられます。それなら、「便秘薬を使っている人たちは何を求めているのか」を理解するインタビューをしてみる。

インタビューをした人のうち、以前は便秘薬を使っていたけれど、今はあまり使っていないという人に話を聞いたら、「便秘薬を飲むとお腹が痛くなるから、もっと自然なかたちでお通じをよくしたい」とか「薬品からではなく、野菜などの食品から食物繊維を摂りたい」という思いを抱えている人が多いことがわかったとします。

それなら、自社がこれから開発すべきは「乳酸菌たっぷり、さらに食物繊維もたくさん入っていて、お腹に優しくてお通じによいヨーグルトではないか」という仮説を立てることができます。※食品としては、直接の効果訴求はできませんので、注意が必要です。

ここで大事なのは、**1つのカテゴリーにとらわれずに、お客さまが求める便益を起点にして発想する**ということです。

「お通じをよくする」というお客さまの便益から考えてみれば、お客さまはヨーグルトのマーケットだけではなくて、便秘薬のマーケットにもいるはずです。

便秘薬の購買頻度の高い人、購買頻度の低い人、そして購買から離反した人たちにはそれぞれ何らかの理由があります。

「このお客さまは、なぜ購買を続けているのか」「なぜ購買をやめたのか」。こうした行動にはすべて理由がありますから、それらをしっかり深掘りしていくと、新しい価値づくりのチャンスが見えてくるのです。

《お客さまと向き合えば向き合うほど、仮説の精度が高まる》

お客さまが感じる便益と独自性は、購買行動を店頭で見ながら調査することもあります。

「ショップ・アロング」というリサーチ方法で、許可を得て、お客さまがお店で買い物をしているところについていき、そばで行動を観察するのです。

そして、お客さまが店頭で商品を見比べた際のポイントや購買した理由、購買しなかった理由などを聞きだしていきます。

これはプロダクトによっては店頭ではなく、Eコマースの現場でもかまいませんし、BtoBの場合は商談の場でもいいのですが、**お客さまが購買の際にどんな情報を目にして、何に気にかけ、どこで購買の意思決定をしたのか、もしくはしなかったのかということを観察しながら、「このお客さまは何に対して便益や独自性を感じているのか?」という問いをもとに仮説を立てていきます。**

その際は仮説ベースでいいので、「お客さまがそのプロダクトの何に便益と独自性を見いだしているのか」「どういう価値を追求すればいいのか」を考えます。

せっかくアンケート調査をやっても、こうした視点が抜け落ちていると、単に「勉強になりました」とか「お客さまが喜んでくれていることがわかってよかったです」程度の感想で終わってしまうことになります。

重要なのは、その仮説が当たっているかどうかだけでなく、**お客さまに価値を生む可能性のある便益と独自性を考え続けること**です。

「なぜ、あのお客さまはそのプロダクトを手に取ったのか」「そこにお客さまが注目した理由は何か」「その人にとって何が便益と独自性になり得るのか」ということを想像し、考え続けることで、便益と独自性の「引き出し」が増えていくのです。

結果を出し続けるマーケターは、実際にお客さまの購買場面である店頭や商談の現場に足を運びます。お客さまが行動を起こす現場をよく見て、お客さまの行動と心理に向き合っている人ほど「仮説設定能力」が高くなるのです。

また、こういった優秀な方は、会議や打ち合わせの場で語られる机上の空論に対して「それは本当なのか？」という問いを持つ人も多いです。現場をよく見て、お客さまと向き合えば向き合うほど、自分なりのお客さまに対する仮説があるからです。

ビジネスに関わる人はみな、こうした「仮説設定能力」は欠かせません。マーケターでなくても、自分の関係する分野の現場に行って、自分の目でお客さまの行動を見て仮説を立て「引き出し」を増やし続けてください。

「お客さま」を分析しても、プロダクトの価値がわからないときは？

≪結局、お客さま１人ひとりを理解し洞察するしかない≫

「1人のお客さまを分析してもプロダクトの便益と独自性を見極められない」という悩みも聞くことがあります。

もしも「N1分析」で便益と独自性を見極められないとしたら、インタビューでの掘り下げ方が足りないか、あるいはお客さま自身が自分の思いやニーズを言葉にできていないためかもしれません。

それでも、さきほど触れたように1人ひとりのお客さまに対するインタビューを、20人くらい行っていると、しだいに「こういうことがいいたいのかな」とわかるようになってきます。

そのためには、インタビューの最中は頭の中をフル回転させながら仮説を考え続ける必要があります。「ひょっとすると、この人はこういう理由で商品を買っているんじゃないかな」とか、「いや、こういう理由かな」と常に仮説を考えながら話を聞くのです。

たとえば、さきほどのヨーグルトの新製品に関する「N1分析」のインタビューで便秘薬を飲み続けている人は、「繊維質を摂るために大量の野菜を食べるのが大変だ」と感じているのかもしれません。

だとすると、その人の本当のニーズは「お通じに効くものを、少量だけ口にしたい」ということになります。そうであるなら、繊維質たっぷりのヨーグルトはその便益に見合ったものになるはずです。

お客さまの言葉の端々から、無意識に望んでいることを推察しながら話を聞くことが重要です。

こうした話をすると、「N1分析からお客さまのインサイトを導きだすなんて、マーケティングをはじめたばかりの自分には難しい」という人もいます。

結果を出すマーケターも、生まれたときから優秀なマーケターだったわけではありません。どんな人もお客さまの理解を繰り返し、たくさんの仮説から、「お客さまに価値を感じてもらえるものは何か」と考え続けてきたのです。

「違った」「これじゃない」といった失敗を繰り返しているうちに、「あ、これだ！」とお客さまが求めているものを見つけられるようになっていく。そうした経験を繰り返すなかで、マーケティングのセンスといわれる「勘所」が磨かれていくのです。

私が考えるに、優秀なマーケターというのは、デジタルマーケティングの運用がうまいとか、広告のセンスがよいとか、数字の分析がうまいなどということだけではありません。

共通しているのは、「お客さま自身が気づいていない潜在的なニーズを洞察する力」です。「お客さまが言葉にできていない便益や独自性を見つけだす力」ともいえます。

その力を磨くには、お客さまがほしいと思うものを見つけだすまで何度も頭を使っては仮説を考え、お客さまと対話し提案し続けるしかありません。

インタビューと仮説を繰り返し、試行錯誤を重ねることによってお客さまを洞察する力や理解する力が少しずつ身についていくのです。

《自分の「売れそう」という感覚はあてになるか》

お客さまが求めているものから製品やサービスを生みだしていくことを「**カスタマーイン**」といいます（この言葉は、一橋大学ビジネススクールの楠木建教授が提唱されている概念）。

この反対が「**プロダクトアウト**」です。創業者自身が自分のほしいと思うものを開発するなどのように、自分たちが提供したいものをつくるのがプロダクトアウトです。

ものづくりのスタートはこの2つのうちのどちらかになりますが、本来はどちらのスタートでもかまいません。重要なのは、ここでも便益と独自性というプロダクトに「価値」を感じてくれる「具体的な1人のお客さま（ＷＨＯ）」が見つかるかどうかです。

プロダクトアウトのケースは、創業者や開発者自身が最初のＷＨＯになりますが、いずれにしても大切なことは、誰かが明確に求めている便益があり、簡単に代替されない独自性があるということです。

プロダクトアウトの場合は、自分たちがほしいと思うプロダクトをつくっているため、「この商品は売れそうだ」という信念のようなもので突き進むケースが多くあります。

自分自身がそのプロダクトに対して便益と独自性を感じて、「売れそうかな」というのは自然な思いとして、よいと思います。ただし、実際に売れるかどうかは別の話です。

「売れる」かどうかは、自分と同じように感じる人が、どれぐらいいるかという話だからです。

たとえ「この商品は売れそうだ」と感じたとしても、自分自身が必ずしもお客さま全体を代表している存在とは限りません。ですから、その反対に「売れるかどうかわからない」と感じた場合にも「代表性」はないということです。

結局、自分であれ他人であれ、**そのプロダクトに対して便益と独自性を感じて、手に入れたいと思う人が具体的にいるかどうか**がポイントです。

まずはプロダクトに便益と独自性を明確に感じている人を見つけに行って、どんなことに価値を感じているのかを調べるのです。

《そうはいっても「自分がお客さま」のプロダクトは売れる可能性が高くなる》

とはいえ、プロダクトアウトかカスタマーインのどちらかにかかわらず、自分の感覚に代表性はないわけですが、自分がお客さまの1人として「買いたい」と思うプロダクトのほうが成功する確率は高いでしょう。

なぜかというと、「自分と同じように感じるのは、どんな人だろう?」というのが想像しやすいからです。「自分がお客さまである」ということで、潜在的なお客さまの便益と独自性を理解しやすくなります。

一方、「自分は別に買いたいとまったく思わないけれど、Aさんが買いたいと思うもの」はわかりにくいですよね。

だから「N1分析」で、そのためにAさんから「どうして買いたくなったか?」という話を聞いて、「なんで、どこをいいと思って」ということを掘り下げていくわけです。それで、「ああなるほど」と理解すれば、Aさんと同じような人を探しにいけるのです。

《自分がお客さまではないプロダクトをマーケティングするときに大切なこと》

自分がまったく買いたいと思わなくても、買う人がいるプロダクトは世の中にたくさんあります。

実際、私はこれまで自分が顧客ではないプロダクトのマーケティングに携わったことも、もちろんあります。むしろ、ほとんどがそうかもしれません。

ロート製薬に在籍していたときに、「ＡＤ軟膏《なんこう》」という体のかゆみを感じる方向けの医薬部外品の皮膚用のクリームがありました。ただ、私にはそのような経験がないので、この商品のお客さまではないわけです。

そこで、必ず毎年買っている人がいたので、その方々のお話を聞いて「なんで、それを買うか」ということを調べていくと、「お風呂に入ったあとや、お布団に入ってしばらくして体が温まるとかゆくなって、眠れなくなることがあったが、ＡＤ軟膏を塗っておけば、ぐっすり眠れる」という話が聞けました。ほかのお客さまにも、このエピソードを話すと、「そうそう、そうなんです」と強い共感が出てきました。結果として、「お布団に入るとかゆくなるけど、AD軟膏を塗ると、すやすやぐっすり」みたいなコミュニケーションアイデアにつながるのです。

このようなコミュニケーションアイデアで、新規のお客さまもAD軟膏を購入され、これまでのお客さまも納得して購入されるようになったのです。

どういう人が便益を感じて独自性をどこに感じているかが見えると、あとは、そのような方々に価値を見いだしていただけるようにするわけです。

さまざまなプロダクトのマーケティングに携わるなか、自分が対象となるお客さまと重ならないプロダクトのマーケティングに関わることも多々あります。いや、BtoBなどでは、ほとんどです。

そのようなときこそ、そのプロダクトに便益と独自性を感じている人やクライアントを見つけだして、しっかり相手の話に耳を傾けることが大事なのです。

《インタビューと仮説から見えてくる「ＷＨＯ」と「便益」》

ここでインタビューと仮説の重要性について、あるＢ to Ｂの企業のコンサルティング事例を紹介します。

以前、ビルやマンションに使う配管パイプのメーカーから相談を受けたことがありました。通常、配管パイプは鉄や銅製のため重量があるので建築時の作業効率が悪いのですが、その会社は軽い素材で加工しやすい配管パイプを開発したのです。販売先は、建築の孫請けや下請け企業でした。

この配管パイプの主な便益は、軽量で扱いやすく、工事負担が少なく、現場の作業担当者の負担も軽減できることです。しかし価格が高く、当初の期待よりも受注につながっておりませんでした。

そこで着目したのが、ビルやマンションの建設に関わる「価値」の流れです。孫請けの発注元の先には、さらにデベロッパーなどの施主がいます。そして、さらに上流にはビルやマンションの購入者（オーナー）がいます。

コンサルティングの依頼主である配管パイプの会社の人にインタビューしながら上流にいる施主やオーナーがもっとも気にする便益を深掘りすると、「ビルやマンションに数十年後も高い資産価値が維持されること」という共通項が浮かび上がったのです。

となると、ビルやマンションの価値の維持に大切なポイントの1つに「設備」がある、という仮説が生まれました。設備の老朽化が進むと、価値が下がるからです。

さらに、最も劣化しやすいのが「配管」だということもわかりました。「配管の耐久性の向上」が、価値の流れの最上流であるビルやマンションの購入者の便益となるならば、施主は多少値が張っても、この配管パイプを選ぶはずだと考えました。

そこで、この仮説にもとづいて、孫請けではなく、施主にこの配管パイプを提案したのです。すると、施主からは非常に好意的な反応があり、受注につながりました。

建築現場の「軽い素材で加工しやすく、工事負担が少ない」という便益と独自性から見いだす価値だけでなく、より上流に位置する施主に「耐久性」という便益と独自性を提案することで、それが価値として見いだされたわけです。

私は最初に配管の会社からご相談いただいた時点では、建築・建設業界に詳しくありませんでした。依頼主にヒアリングを重ねて、便益の連鎖と価値の流れを掘り下げことで、このようなコミュニケーションアイデアにたどり着いたのです。

ここでも大事なポイントは「お客さまは誰か」ということです。お客さまが何を求めていて、さらにその先に何があり、誰がいるのかを考え続ければ、どんな業界でも、「ＷＨＯとＷＨＡＴの組み合わせ」が見えてくるのです。

SNSの登場で、マーケティングはどう変わったのか？

《全方位的なマーケティングが通用しない時代》

人々の間にインターネットが定着し、ＳＮＳを利用する人も増えている現在と違い、テレビ・ラジオ・新聞・雑誌の４つのマスメディアでのマスコミュニケーションが主流だった時代は、ある意味では販促活動もラクだったといえます。

大企業が新しい商品やサービスを出せば、この4大メディアで大きく取り上げられました。大人も子どももテレビを見ていましたから、テレビで取り上げられた翌日には、会社や学校でみなが話題にしてくれたのです。テレビのＣＭにも、大きな効果がありました。

ところが、インターネットが加速度的に発展していったことで、マーケティングを取り巻く環境は劇的に変わっていきます。インターネットに加えてスマホやＳＮＳが登場すると、人々が選ぶメディアは多様化しました。

以前であれば、新商品を出したら自然に大きく広がっていった情報が広がらなくなり、潜在的なお客さまにプロダクトの情報を届けるのが難しくなったのです。

たとえば、昔は「全方位的にテレビＣＭを10億円かけてＰＲする」といった大雑把な方法を行っても、テレビＣＭを観る人の数が一定数存在したため売上も大きかったわけです。

が、現在は若年層の人口が減少したうえ、スマホやデジタル媒体によってお客さまの細分化と多様化も進んでいます。価値を提供する選択肢も格段に増えています。

そのため、今は正確に届けるべき潜在的なお客さま層を定めて、その人たちに届きやすいメディアや手法を細かく選定しなければ届かなくなりました。

さらに、細かな施策を何十手、何百手も打たなければ、売上は拡大していきません。また、ネット上で拡散したとかバズったといってもＰＶ数が１００万、２００万くらいだと、20年前、30年前のテレビなどのマスメディアのインパクトとは比べものになりません。

このことは音楽業界を見ても明らかです。

1990年代にはCDが100万枚以上売れるミリオンセラーが続発しており、当時はある曲がヒットすればテレビでもラジオでも取り上げられたため、みんながその曲を一斉に聴いていました。

一方、現在は人々の興味関心が細分化され、みんなが一斉にヒット曲を聴く時代ではなくなったのです。

ある意味、大勢の人に同じ情報を一斉に届ける仕組みが機能しなくなったため、お客さまが情報の取捨選択の権利を持つようになり、多様な選択肢を持てる時代になったともいえます。

《「〇〇世代を攻略」は本質を見誤りかねない》

そうした時代だからこそ、モノを売るときには、よりWHO（誰に）とWHAT（何を）を分析する必要があります。

たとえば、メディアではよく「Z世代には○○がいい」「この世代向けには○○」といったくくり方をしますが、それではその世代を1つの大きな集団ととらえて平均値にしか目を向けていないため、本質をつかむことができません。

とくに「Z世代にはやっぱりTikTokだよね」などというように、HOWから入ると本質を見誤りかねません。

実際、Z世代に話を聞いてみると、TikTokだけをやっている人は少数で、LINE、YouTube、Instagram、Twitter、Snapchatなどをシーンによって使い分けている人が多いです。

また、「Z世代を攻略するときにはテレビは向かない」などといわれますが、必ずしもそうとは限りません。

テレビの年齢別行為者率を見ると、10~20代の約半数はテレビを見ています。※1 東京はたしかにテレビを見る割合が大きく減っていますが、地方ではまだまだ視聴者は多いのです。※2

つまり、東京にいる一部の人だけを見て全体を代表しているように勘違いし、地方に関しても「テレビは効果がない」などといっているのです。自分の周囲の状況だけを見て「お客さまは全部同じ」と思い込んでしまった結果でしょう。

やはり、お客さま1人ひとりを理解することからはじめないと、その行動や心理を知ることはできず、結果的にマーケティングも成功しないのです。

※1　ＮＨＫ放送文化研究所「国民生活時間調査２０２０」https://www.nhk.or.jp/bunken/research/yoron/pdf/20210521_1.pdf

※2　総務省「平成28年社会生活基本調査」https://www.stat.go.jp/data/shakai/2016/pdf/gaiyou2.pdf

《最適な手法やツールも「お客さま」から入ると選べる》

時代の変化によって、メディアの持つ効果も変わってきます。

誰かに商品やサービスを伝えるための方法（ＨＯＷ）には、古い手法からいえば、たとえば手紙を出す、看板をつくる、新聞広告を出す、飛行船を飛ばす、テレビやラジオでＣＭを流す、ダイレクトメールを出す、など、いろいろな方法があります。今はＳＮＳ上の広告もいろいろ出てきています。

ここ数年はYouTubeやTikTokの広告件数も増えてきていますが、少し前はInstagram、Twitter、もう少し前ならFacebookが主流でした。また、ネットでも昔は写真を使った平面広告が主流でしたが、動画制作が簡単になった今は、もはや動画がなければ通用しない状態です。

人間の行動や社会の状況は刻々と変わっていますから、お客さまに対して訴求する方法やリーチする方法、もしくは訴求内容も変わってきます。

ここで何がいいたいのかというと、**「今、どのツールが重要なのか」といくら考えても、効果的なツールはどんどん変わっていってしまう**、ということです。

若いマーケターの中には「TikTokマーケティングを覚えなきゃ」とか「動画マーケティングの仕組みも覚えよう」「YouTuberとのコラボのノウハウを学んでおこう」など、あらゆるツールに追いつくために一生懸命になっている人も多いです。

自分が価値を届けたいと思うお客さま（WHO）が明確ならば、どういうメディアやツールが効果的か、研究すべきかは、自ずと決まってきます。

「このお客さまに価値を届けるためにはYouTubeが効果的だ。それならYouTubeのマーケティングを学んでみよう」というように、具体的なお客さまに価値を届けるのを目標にすると、学ぶことはそれほど苦にならないはずです。

そのお客さまを定めずに、YouTubeもTikTokもFacebookもLINEもInstagramもテレビも新聞もと、PRするためのすべての手法を磨かなければいけないとなったら……。

そもそもメディアというのは、お客さまに対して便益と独自性を伝えるために使うための1つのマーケティング手法にすぎないのです。そこをはき違えて、手法やツールから入ろうとすると、あまりにやることが多すぎて「マーケティングの樹海」でさまようことになってしまいます。

結局、時代や状況、手法が変わっても、**まずはお客さまを起点にすべてを組み立てることが重要なのです。**

《先月うまくいったことが、今月もうまくいくとは限らない》

マーケットだけでなく、社会状況が変わればお客さまの心理状態も変化しています。

つまり、先月うまくいったことが今月もうまくいくとは限りません。

中には先月どころか10年前にやっていたことをいまだに続けている企業もありますが、結局、それの何が問題なのかというと「現在のお客さまは、そこにはいない可能性が高い」からです。

時代の変化によって、価値を判断するお客さまの心情も価値の基準も、すべて変わっていることに気がついていないのです。

そもそも歴史を振り返ってみれば、普遍の価値を持つものはそれほど多くはありません。

人間が必要とするものは、どんどん変わっていきます。欲求が満たされたことで、なくなる価値もあれば、次の価値が必要になることもあります。価値を提供する選択肢が増えることもあります。

つまり、競争が激しくなるということです。そうなれば、一時代を築いたプロダクトであっても、その相対的な価値は下がり、コモディティ化していきます。

このように、「価値」というのは時代の変化とともに人々の生活が変われば変わっていくし、環境が変われば、また変わっていくものなのです。

お客さまとプロダクトの関係も常に変わり続けるため、今、価値を成立させているプロダクトであっても、明日になればその価値は消滅している可能性があります。「今うまくいっているもの」を見ているだけでは不十分で、常に便益と独自性をアップデートしていかないと、いつの間にか価値が下がってしまうこともあるということです。

時代や社会の変化によって、人の行動も変わり続けています。たとえばコロナ禍では感染リスクを避けるため、これまでとは違う行動様式が求められました。

そうはいっても、人間が欲する「欲求」自体はそれほど大きく変わっていないはずです。

たとえば先日、出版社の営業の方からコロナ禍になって書店でビジネス書を買う人が減っているという話を聞きました。

しかし、これまで主にビジネス書を買っていたビジネスパーソンが減ったわけではありません。その行動様式が変化しただけで、毎日通勤している人もいれば、通勤しない人も出てきたということです。

また、ビジネスについて学びたい、知りたいという人々のモチベーションが落ちているかというと、とくに落ちる要因も考えられません。

こうした状況で、もっとビジネス書を売るためにはどうしたらいいのでしょうか？　いや、そもそもビジネス書ではなく「ビジネスについて学ぶ」という便益は、どうすれば満たされるのでしょうか？

やはり、ここでももっとも重要なのは、**お客さまの行動様式や心理状態を把握すること**です。自分たちが出版する本に、便益と独自性を感じてくれそうなお客さまは、今どんな1日をすごしているのかを明らかにするのです。

《コロナ禍でWHOとWHATを変化させた企業》

世界中で環境や社会変化が起こり続けていますが、企業も「自分たちは誰に、何を便益として売るのか」を考え続けていかなければ、急激な変化に対応していくことはできません。

コロナ禍でも「誰に（WHO）」「何を（WHAT）」をとらえ直し変化させた企業はうまくいきましたが、とらえ直しができなかった企業は厳しくなったはずです。

たとえば、「人との接触なし。待ち時間なしでランチを食べたい。でなければ、家で食べたいと思うようになった」という変化したWHOに対して、店に来なくてもデリバリー対応できるように「WHAT」を提供するのをはじめ、事前にスマホからオーダーできるようにして持ち帰りを強化したマクドナルドやスターバックスはよい事例でしょう。一方、店に来てもらうことに固執したのは、お客さま起点ではなかったともいえます。

また、私の身近なところでは、観光・レジャーなどの遊びの予約サイトをBtoC向けに手がけ、BtoB向けにはチケットの予約システムを提供する「アソビュー」というスタートアップも、「誰に（WHO）」「何を（WHAT）」をとらえ、コロナ禍の変化に適応した企業の1つです。

コロナ禍の外出自粛の影響をレジャー業界全体が受け、アソビューは95％減という危機的な売上消滅を経験するのですが、そのなかで経営陣は、どんな価値をつくることができるのかを考えました。

アソビューのパートナーであるレジャー施設はコロナ禍で人数制限をする必要がありながらも、ディズニーランドやユニバーサル・スタジオ・ジャパンのような超大手を除いて、多くの施設はＩＴ化が進んでおらず、入場規制等はスタッフの人数的にも困難である、という悩みを抱えていました。

そこでアソビューの経営陣は、レジャー施設の担当者の話をもとに、時間ごとの入場者制限ができる、日時指定の新しい電子チケットサービスを開発し提供したのです。

その結果、電子チケットサービスは全国の有名な遊園地や水族館など数多くの施設に導入が広がっていき、２０２１年11月には約２５００施設にまで拡大し、アソビューはＶ字回復を遂げました。


世の中は常に変化していきますが、もし変わらないことがあるとすれば、結局、お客さまの心理や行動をつかみながら、自分たちはどんなお客さまに、どんな便益と独自性を提供して利益を得るのかを考え続ける重要性に尽きるということです。

MARKETING ADVENTURE

第4章

0から1、1から10、10から1000へ

——継続的なグロースの実現

「最初のお客さま」をどう見つけるか？

《世の中のプロダクトは、すべて「ニッチ」からスタートする》

ここまで、まずは具体的な1人のお客さまと向き合い、その人が価値を感じる便益と独自性を見つけだすことが重要だという話をしてきました。

しかし、その1人だけでは当然、ビジネスは成り立ちません。そのプロダクトに価値を感じて対価を払ってくれる人をどんどん増やしていく、つまりお客さまの数の規模を拡大させていきます。

この章では、ビジネスを0から1、1から10、10から1000の3段階に単純化し、お客さま（WHO）とプロダクト（WHAT）の関係を、売上を構成する3つの要素

（お客さまの数×単価×頻度）から、それぞれの段階におけるビジネスの機会やリスクを解説していきます。

- **0→1の段階（新事業や新商品の立ち上げ・スタートアップ期）**
- **1→10の段階（大規模投資前の収益性の確立期）**
- **10→1000の段階（大規模投資による規模の最大化期）**

もっとも大事なことは、最初のお客さまを見つけること。これが143ページの図のような**ゼロイチ（0→1）の段階**です。

そこでお客さまを見つけ、そのお客さまが見いだしている価値をつかんだら、同じ価値を感じてくれるお客さまはほかにいるのか、いるとしたらどこにいるのか、どの程度いるのかを探りつつ、広げていく。これが**「1→10」の初期グロース（成長）の段階**です。

さらに、このプロダクトが提供する異なる便益と独自性に価値を見いだすお客さまを発見し、大きく投資し拡大していくのが**「10→1000」の段階**です。

新しいプロダクトの誕生
（プロダクトと不特定多数の潜在的なお客さま）

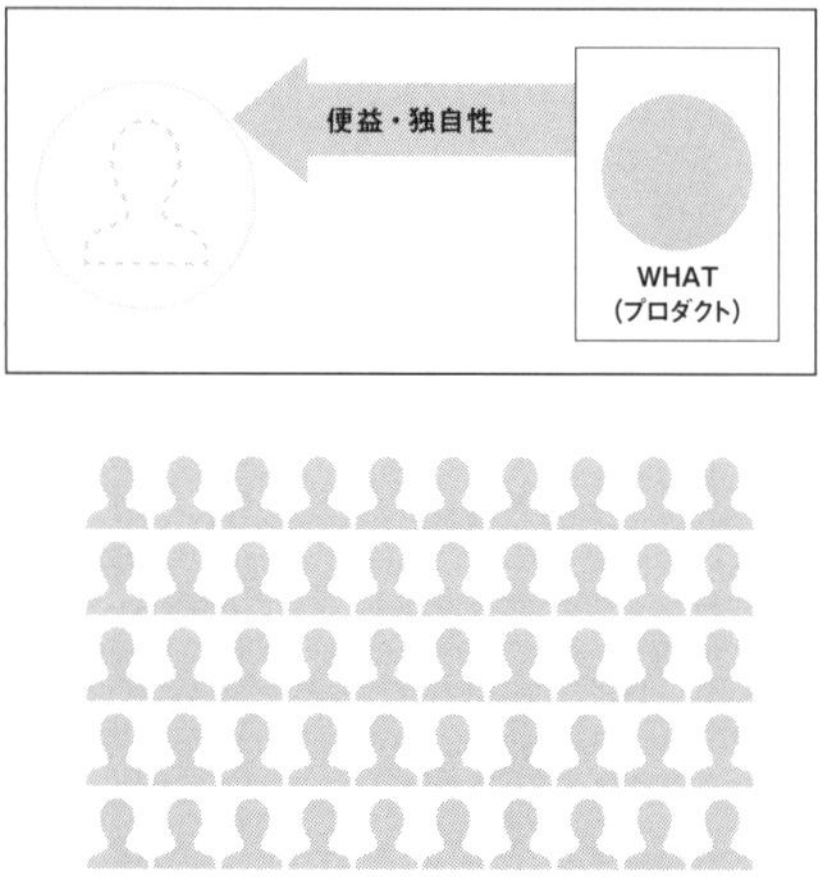

そして最終的には1000以上へ広げていくというのが、すべてのビジネスのお客さまの数の規模を拡大する順番になります。

《「0→1」の段階（新事業や新商品の立ち上げ・スタートアップ期）》

お客さまが初回購買する際は、プロダクトの「はじめての価値評価」が行われています。

お客さまは、自分にとって重要な便益（選択する理由）と独自性（ほかを選択しない理由）を認知して、はじめてプロダクトに価値を見いだします。

そして、その価値を手に入れるために、お客さまのお金（場合によっては時間・体

ゼロイチ(0→1)
(1人のお客さま(WHO)がプロダクト(WHAT)に価値を見いだす)

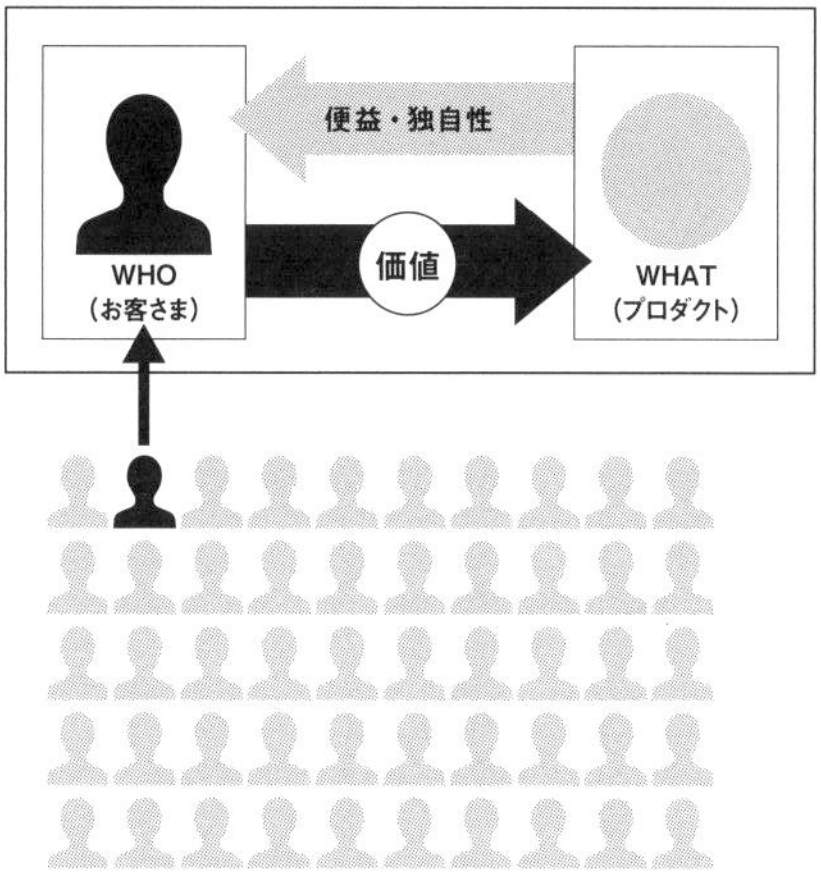

力・脳力等）を差しだしてプロダクトを入手します。

不特定多数の中から最初の1人目のお客さまが見つかった状態、これが「0→1」です（上の図）。

その多くは、創業者自身や身近な誰かかもしれません。創業者自身もしくは、身近な誰かが、そのプロダクト（WHAT）に高い便益と独自性を感じ価値を見いだしている1人目のお客さま（WHO）なのです。

このプロダクトに同様な価値を見いだすお客さまが、ほかに何人いるのか、総数は何人なのかは、この段階では予想しがたいです。

逆説的ですが、この段階で、どこまでお客さまが増えるか、総数がどれくらいになりそうかを予想できるのであれば、そのプロダクトの独自性は弱い可能性が高いです。すなわち、予想するための参考となる事例や先例が存在しているということなのです。

予想しえない状態というのは、そのプロダクトに強い独自性がある可能性が高いといえます。

≪ニッチからスタートして価値を高め続けたソニー≫

最初のプロダクトアイデアの時点では、その多くが少数の人にしか響かないようなニッチに感じられます。

たとえば、戦後の混乱期に創業されたソニーの初期のビジネスはまさしくニッチの繰り返しです。

ソニーは日本を代表する企業ですが、例外でなくニッチからスタートして価値を創出し続けている企業といえます。ここで、その歴史を少しだけ紹介します。

1945年10月という戦後の混乱期に、のちのソニーの創業者の1人である井深大《まさる》さんたちは「東京通信研究所」を設立。初期に手がけた事業は、意外なことに中古ラジオの修理や改造でした。

当時、ラジオは多くの家にあったものの、中波のAM放送しか聴くことができませんでした。それを短波放送も聴けるように改造する事業をはじめたところ、戦後のニュースに飢えていた市民の需要に合致し、大繁盛したのです。

次にはじめたのは、なんと炊飯器でした。しかし、これはうまくお米が炊けず、失敗に終わります。その後も、真空管電圧計、電気ざぶとんなど、さまざまな製品開発に挑みます。

そして、1946年に井深さんと盛田昭夫さんらは「東京通信工業(のちのソニー)」を創業し、当時アメリカで売れ出していたテープレコーダーの開発に取りかかります。苦労の末、日本初のテープレコーダーの開発に成功しました。大きくて高価なものでしたが性能としては申し分なく、お客さまにこれを見せて聴かせれば注文が殺到するに違いないと考えたそうです。

ところが、まったく売れませんでした。2人はよい製品をつくりさえすれば自然に注文がくるはずだと信じていたのですが、発表当初は「録音できて再生できる」という機能を価値とする人がいなかったのです。

しかし、彼らはあきらめず、どこに売れるかと考え抜いた結果、裁判所を思いつきます。当時の裁判所では裁判内容を記録する速記者が不足していたため、録音機能の付いたテープレコーダーにはニーズがあったのです。

さらに、テープレコーダーを必要とする場所を見つけました。それは学校です。当時は視聴覚教育がはじまった頃で、とくに英語を話せる教師が極端に少なかったので、発音を聴くための学習にテープレコーダーのニーズがあったのです。テープレコーダーはすぐに全国の学校に広まっていきます。

テープレコーダーというものがアメリカで売れているからつくってみたら、強い独自性を有する製品ができたものの、そこに便益を感じてくれるお客さまが誰かわからなかった。そこで探したところ、お客さまが見つかり、さらに録音して再生するという機能に便益が見つかった。ここでようやくテープレコーダーのＷＨＯとＷＨＡＴが成立したのです。

その後、テープレコーダーの機能を便利だと思うお客さまは、ほかにもどんどん増えてきてビジネスが大きく成長していきました。

《ウォークマンも最初は開発者自身がWHOだった》

ソニーは、その後も独自性のある製品を開発していきます。その代表格の1つは、1979年に登場し80年代に世界を席巻したウォークマンです。

今となっては、そのウォークマンもスマホに取って代わられていますが、「0↓1」段階の事例として取り上げます。ウォークマンの開発のきっかけは、つくり手側である盛田さんの思いつきでした。

井深さんには、常に音楽を聴きたい、とくに出張中の飛行機の中でもきれいな音で音楽が聴きたいという願望があり、その話を聞いた盛田さんが「テープレコーダーを持ち歩けるようにしたらどうだろう」と考えて開発したのです。

しかし当初、ソニーの社内では「録音機能の付いていない携帯用ステレオなど売れるわけがない」と反対する人たちばかりで、売れると確信していたのは盛田さんだけだったそうです。

実際にウォークマンは発売から1か月は3000台程度しか売れなかったようですが、その後、その盛田さんですらびっくりするほどの大反響で、あっという間に世界中で100万台、500万台、2000万台と売れていきます。この爆発的な大ヒットにより、ソニーは世界的に知られるようになったのです。

この話をWHOとWHATでひも解くと、WHOは、井深さんの願望をきっかけとしてプロダクトに価値を見いだした最初のお客さまである盛田さん自身です。

そして、このプロダクトのWHATは、どこでも音楽を聴けるという便益と、ほかには選択肢がないという独自性です。

それまで、音楽というのは固定された場所で聴くものでした。それがこのウォークマンによって、音楽はどこでも聴けるものになりました。しかも、自分だけの音楽を。

私自身、初代ウォークマンが出たときのことはよく覚えています。価格は3万円程度で、当時小学生だった私には高価なものでしたが、なんとかお小遣いとお年玉を貯めて買い、繰り返し音楽を聴いたものでした。

このように、ウォークマンは創業者自身がつくりたいもの、必要だと感じたものからはじめた典型的なプロダクトアウトの製品です。

よく創業者や開発者が自らつくりたいものをつくるというと、「それが売れるとは限らないのではないか」「ニッチすぎて市場がないのでは？」などという人がいますが、そんなことはありません。

自分が心の底からほしいと思うもの、もしくは自分でなくても実在する誰か1人が強力な便益を感じるものには、同じように反応してくれる何万人、何十万人、何千万人の人がいる可能性が高いのです。

ウォークマンは、まさにそんな製品でした。創業者自身が感じた価値に対して、同じように価値を感じた人が世界に何千万人もいたのです。ウォークマンが登場して以来、音楽の聴き方は大きく変わりました。そして、たった1つの製品が全世界の何千万という人の音楽の楽しみ方を変えたということです。

世の中のプロダクト（ＷＨＡＴ）は、すべて１人のお客さまが（ＷＨＯ）誕生することからはじまる。すなわち「ニッチ」からはじまるのです。

最初のお客さまであるＷＨＯと、プロダクトに便益と独自性を見いだすＷＨＡＴが見つかった状態が「０→１」です。

「お客さまの数の規模」を大きくしていくには？

《ビジネスは「売上＝お客さまの数×単価×頻度」で成り立つ》

「1→10」から「10→1000」へと拡大していく流れを説明するにあたって、ビジネスの基本となる「売上」について考えてみましょう。

企業が存続するうえで「売上を上げる」というのは大前提です。では、売上を上げるために何をすればいいのかは、次のように売上を因数分解してみるとわかります。

売上＝お客さまの人数×お客さまの平均単価×お客さまの購買頻度

売上は、この式のように「お客さまの人数」と「お客さまが買う金額」と「何回買ってくれるか」の掛け算で表すことができます。

たとえば、企業が便益と独自性のあるプロダクトを提供して、それらを認知してもらい、価値があると感じてもらえたら、お客さまの人数は増えていきます。

プロダクトを繰り返し購入してもらえると、購入頻度が上がりますし、さらに購入後、お客さまに高い価値を感じてもらえて、関連商品や関連サービスにも高い価値を感じて購入してもらえると、単価が上がっていきます。お客さまの人数が変わらなかったとしても、単価と頻度が上がることで、売上（＝お客さまの人数×単価×頻度）も上がっていきます。

価値を感じてもらえるプロダクトであれば、消費量の増加につながっていき、さらには異なるプロダクトの同時購買や追加購買につながっていくのです。

その反対に、便益と独自性がありそうだと思って購入したけれど、使用後に価値を感じられなければ、そのお客さまは、その商品はもちろん関連商品や関連サービスを買うこともありません。

売上＝お客さまの人数×単価×頻度

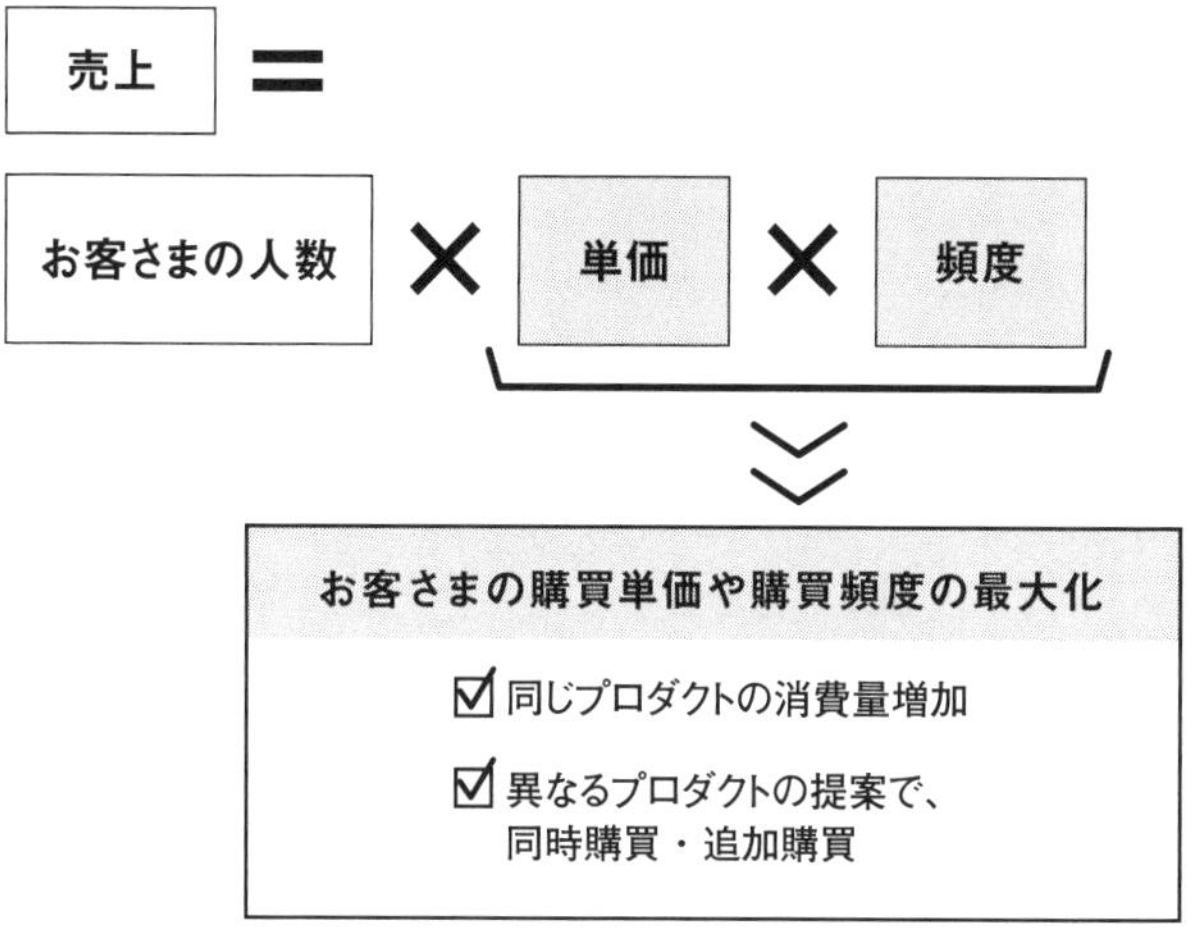

「売上を上げる」というのは、お客さまの数をどれだけ増やせるか、さらに既存のお客さまの単価と購買頻度をどれだけ上げられるかに尽きる、ということです。

このように、すべての売上は「お客さまの人数×単価×頻度」で成り立っています。

プロダクトの売上が伸びない状況を打破するために、新商品を出したり、バージョン違いの製品を出したり、新規事業を立ち上げたりしますが、中途半端な価値を量産する方向へいきがちです。

誰がその商品を買うのかがわからないままでは、いくら商品やサービスを増やしてもうまくいきません。

今、そのプロダクトの売上が伸びていないとしたら、プロダクトに価値を見いだす潜在的なお客さまに届けられていないか、届けるお客さまが間違っている、もしくは届けるべきお客さまが明確になっていないことが考えられます。

売上を上げるために、ここでももっとも重要なのは「誰がお客さまなのか」を定義することです。

《「1→10」の段階（大規模投資前の収益性確立期）》

売上の構造を理解していただいたうえで、次は「お客さまの数の規模」を大きくしていく流れについて考えてみます。

1人でも多くの方にお客さまになっていただくべく、「WHOとWHATの組み合わせ」を見つけながら数の規模を拡大していきます。

次は、「1→10」へと拡大していく段階です。

「1→10」の段階は、「0→1」で誕生した1人目のお客さま（WHO）と同様に、

グロース　初期(1→10)
(同じ価値関係(WHOとWHATの組合せ)のお客さま人数の拡大)

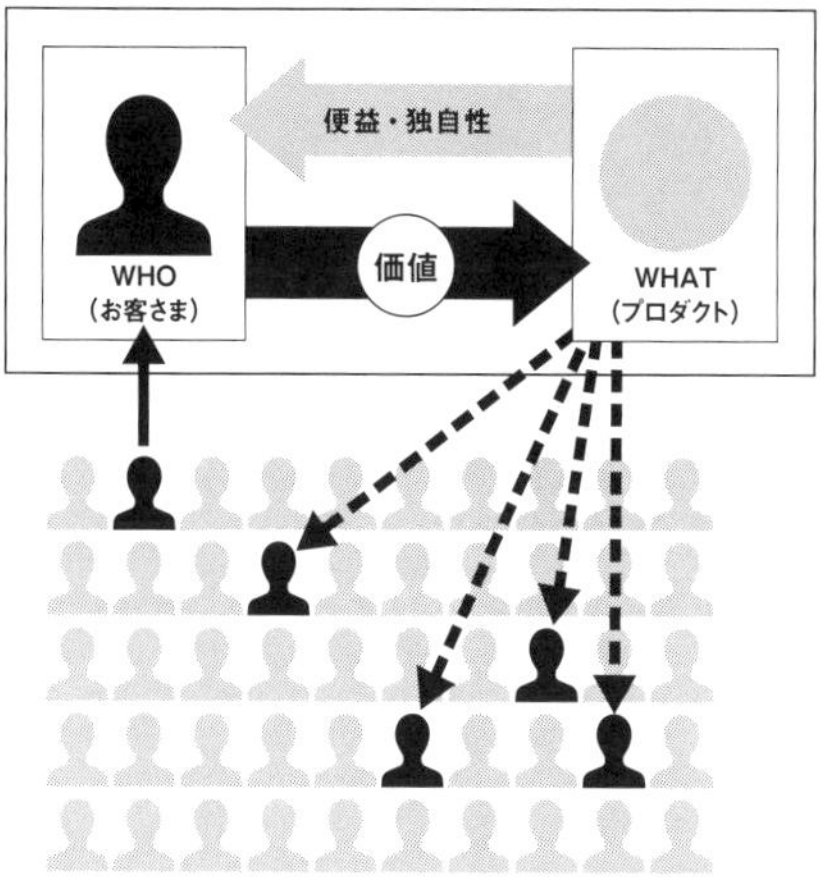

このプロダクト（WHAT）に価値を見いだしてくれるお客さまを探し、このプロダクトの便益と独自性を認知していただき、1人目のお客さまと同様な「WHOとWHATの価値関係」を拡大していきます。「0→1」の段階で最初のお客さまが見いだした便益と独自性に対して、同じように価値を感じる潜在的なお客さまがほかにもいるはずです。

そのお客さまを見つけてきて、「この商品には、こんな便益と独自性がありますよ」と伝え、「私もそれがほしかった」「自分にも必要なものかもしれない」などと感じてもらって購入してもらうというのが、この段階です。

ここで重要なのは、**最初のお客さまと同じように価値を感じてくれる人たちが、いったいどこにいるのかを見つけだすこと**です。

1人目のお客さまと同じ便益と独自性に価値を見いだす可能性のあるお客さまは、必ず複数見つかります。

その複数のお客さまの仕事や生活スタイル、居住環境、趣味、情報を入手する方法、メディアやSNSをはじめ属するコミュニティやプロダクトの入手経路（販路や小売環境）は多様ですが、決してまったく異なることはありません。その多様性の中に、共通項を見つけだし、同じ価値関係の新しいお客さまになっていただくのです。そこから購買単価や頻度が上がるお客さまも出てきます。

「1→10」の段階でもう1つ重要なのは、「0→1」の段階では見えていなかった異なる複数の「WHOとWHATの価値関係」が成立しており、ここに新しい成長の機会が生まれることです。

「0→1」の段階の価値関係にとらわれてしまって、お客さまを合計の数字、平均

グロース　初期（1→10）
（新しい価値関係（WHOとWHAT）の出現）

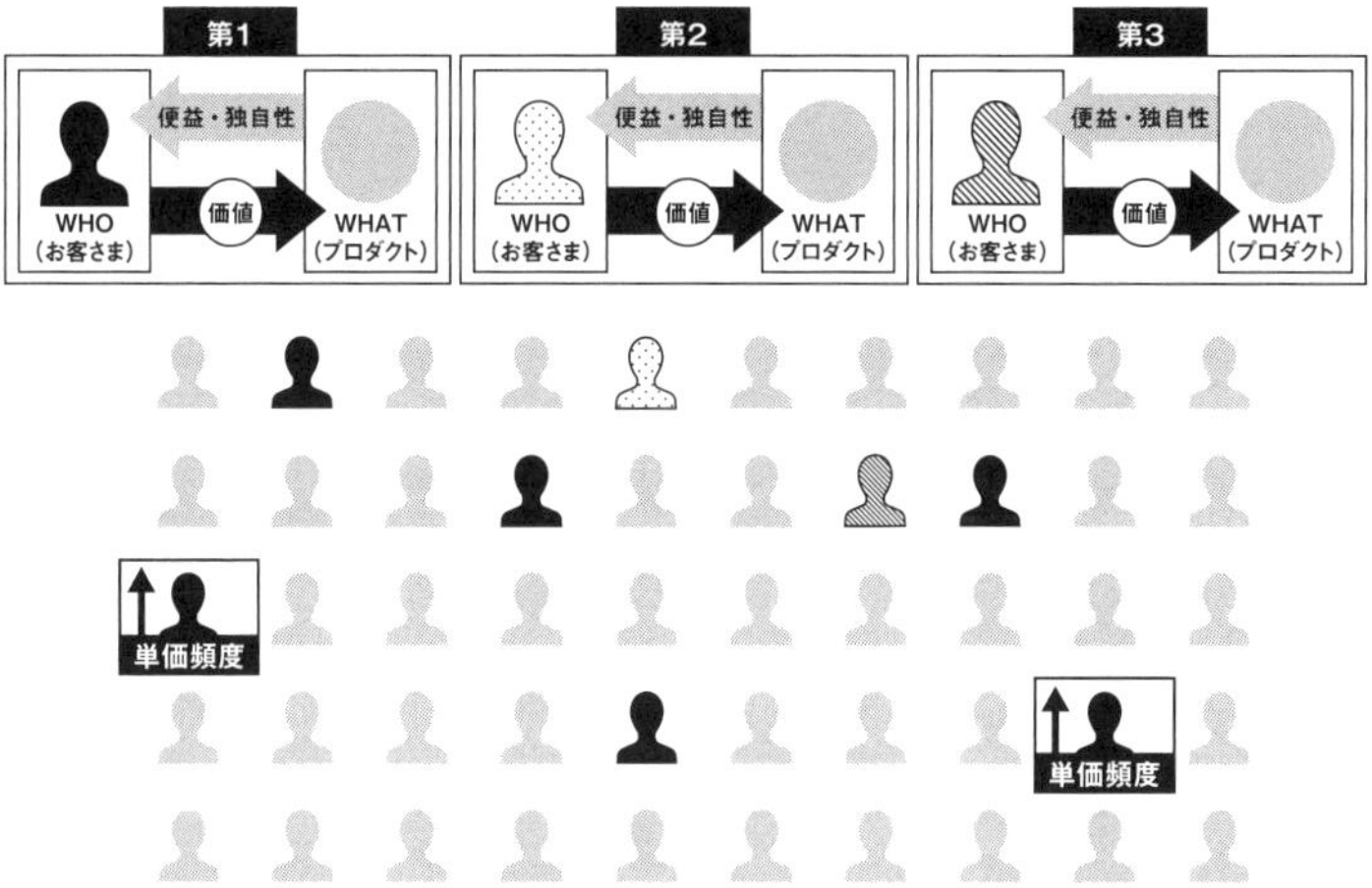

の購買頻度、平均の購買単価などで把握して、一緒くたにとらえて、その多様性が見えなくなると、この成長機会を見逃します。

「1→10」の段階で、まずやるべきは「（0→1の）最初のお客さまが、なぜそこに便益と独自性を感じたか」を知ることです。

ソニーのテープレコーダーの事例でいえば、裁判所がWHOであり、その便益と独自性は、正確に録音できることで裁判内容を記録する速記者の不足をカバーできることでした。

「0→1」の1人目のお客さまを深く理解し、同様な潜在的なお客さまは誰なのか（WHO）、そのお客さまが価値を見いだす便益と独自性は何か（WHAT）を仮説としてどれだけ具体的に定義しているかで、その価値関係を実現する手段や手法（HOW）の投資対効果も変わります。

実行したHOWが、仮説とした「WHOとWHATの価値関係」にどう影響したのかを検証すれば、有効なHOWを見極めることは可能で、より効果的なHOWの検討も可能です。

逆にいえば、WHOとWHATの定義があいまいなままの手段や手法（HOW）は、宝くじを買うがごとく再現性がありません。仮にうまくいったとしても、誰が買ったのか（WHO）、なぜ買ったのか（WHATとしての便益と独自性）が見えないままでの手段や方法（HOW）への投資では、ムダな投資が増え、継続的な収益性の向上につながりません。

《「朝マック」にはどんな人が、どんな価値を見いだしている？》

ここで「1→10」の段階について、マクドナルドの「朝マック」を例に考えてみましょう。

たとえば朝10時30分までの「朝マック」を利用しているのはどんな人かといえば、明らかに通勤圏内や通学圏内にマクドナルドの店舗がある人たちです。朝の通勤途中や通学途中に店舗がないところでは、わざわざ食べに行く人は少ないです。

「朝マック」に価値を感じる人は、少なくとも「通勤・通学経路にマクドナルドがある人」ですから、たとえば郊外で最寄りにマクドナルドがない地域に朝マックの広告を投じたとしても効果はないでしょう。

このように、**同じ価値を感じる人を見つけだすためには、今、価値を感じている人の何が、その価値とひも付いているのかを理解することが重要**です。

お客さまの生活圏や行動様式、価値観、特性、趣味などのうち、どこにその価値が関係しているのか。「朝マック」の場合なら、「生活圏」「通勤圏」「通学圏」が関係しているといえます。

それに価値を感じて買ってくれているお客さまはどういうところに住み、どんな生活を送っているのか、そしてどんな価値観を持っているのか。目の前のお客さまを深く理解することが、「1→10」へスケールアップするための潜在的なお客さまの発見につながっていくのです。

そのプロダクトの便益や独自性が何にひも付いているのかを発見したら、同じような生活圏に住む人や似たような行動様式を持つ人などをターゲット層とし、プロダクトを認知してもらうための訴求を行っていきます。

たとえば、通勤圏や通学圏にマクドナルドの店舗がある人たちに対して「朝マック」を提案したい場合は、電車広告やバス広告が有効でしょう。

また、通勤・通学時にスマホでよく見られているメディアへの広告投入や、家を出る時間に目にするテレビ番組にCMを投じる手もあります。

就職サイトやビジネスニュースのサイトに広告を入れるのもいいかもしれませんし、人気の高いスマホゲームに広告を入れるという手もあります。

そして、これらはすべてHOWです。WHOとWHATがわかれば、どういう人がお客さまになり得るかが見えてくるため、それを拡大していく方法（HOW）がいろいろ考えられるということです。

《「1→10」でもっとも重要なのは「価値の再評価」》

世に生まれるプロダクトのほとんどは、この「1→10」の段階では売上を費用が上回る赤字状態ですが、「0→1」の「WHOとWHATの価値関係」から多くの潜在的なお客さま像を洞察し、お客さまの数を拡大することで、売上が費用を上回り利益が見込める収益性を確立していく時期ともいえます。

「1→10」の段階は、お客さまの数の増加に注目し一喜一憂しがちですが、大事なのは、プロダクトを実際に使用したお客さまの**「価値の再評価」**です。これがプロダクトの単価と購入頻度の向上を生みだし、収益性を左右します。

どんなビジネスにおいても、最大の壁がプロダクトをはじめて使用した時点での価値の再評価であり、2回目の購入につながるかどうかです。

2回目から3回目、3回目から4回目への継続率は初回から2回目に比べるとはるかに高くなるので、初回から2回目の購買への継続率がもっとも重要です。

たとえば、ネットフリックスのような月額制の動画サービスで考えると、契約する時点では、そのサービスが提供するコンテンツは一部しかわかりませんが、契約して実際に使用しはじめると、自分の関心に合うコンテンツが多くあるかどうかで評価をします。

自分の関心に合うコンテンツが少ないと判断すれば契約は解除されますし、たくさんあると判断すれば契約は継続されます。つまり、はじめての使用の時点で、どれだけ、その契約者の好みに合うコンテンツが豊富であるかを的確に伝えることが重要になるのです。

さらに、初回から2回目ほどの壁ではないとしても、この「価値の再評価」は、永遠に続きます。競合や代替品の出現によって大きく左右されるので、プロダクトはお客さまが価値を見いだす便益と独自性を高め続けなければなりません。

さきほどのネットフリックスの継続契約者であっても、ディズニー・チャンネルがそのお客さまにとって魅力的なコンテンツを投入すれば、ネットフリックスの相対的な価値は下がり、ディズニー・チャンネルへ移る可能性が高まります。

便益と独自性は固定ではなく強化改善し続け、価値を高め続けることが重要であることも理解できるかと思います。

《「10→1000」の段階（大規模投資による規模の最大化期）》

次は「10→1000」の段階です。

この段階では、最初のお客さまが感じた価値とは異なる価値を見いだすお客さまを発見して、拡大していくことが求められます。

「1→10」の段階は、「0→1」の段階で成立させた「WHOとWHATの価値関係」を水平拡大し、お客さまの人数を増やして売上を向上させました。この時期に、お客さまから高い再評価をいただき、継続購買が実現し、お客さまの離反も少なければ、将来的な収益性の評価が可能になります。

「10→1000」は規模の最大化の時期です。「1→10」の段階の「WHOとWHATの価値関係」をさらに拡大しつつ、「1→10」の段階から見えはじめた新たな「WHOとWHATの価値関係」を追求することで、より大規模な成長の可能性を探っていきます。

「10→1000」の段階では、「1→10」の段階の「WHOとWHATの価値関係」

をさらに水平拡大します。同じ「WHOとWHATの価値関係」が実現できる未販売地域への販路や営業の拡大。物理的小売からEC、もしくは逆に、ECから物理的小売へ。また海外への販路拡大でのお客さま数の拡大などもそうです。

ほかにも、プロダクト自体の改良や強化、プロダクトの購入や実際の使用にあたって高い価値を見いだしていただくための付帯サービスや販売促進、また、関連購買・追加購買をしていただけるような新しいプロダクトの提供を通じた購買頻度の向上や購買単価を上げるなども考えられます。

これらの手段や手法（HOW）の選択肢は無数にありますが、お客さまが誰でどんな方か、そして、そのお客さまが価値を見いだす便益と独自性が何かという「WHOとWHATの価値関係」を具体的に理解しておくことで、適切かつ効果的なHOWの選択が可能になります。

また、「10→1000」の段階では、水平拡大と同時に、「1→10」で見つけた第2、第3のWHOとWHATの組み合わせの可能性をさらに多く追求することが、中長期の継続的な成長、そして収益性の拡大を左右します。

グロース　積極拡大（10→1000）

新しい価値関係（WHOとWHAT）のお客さまの単価と頻度の拡大

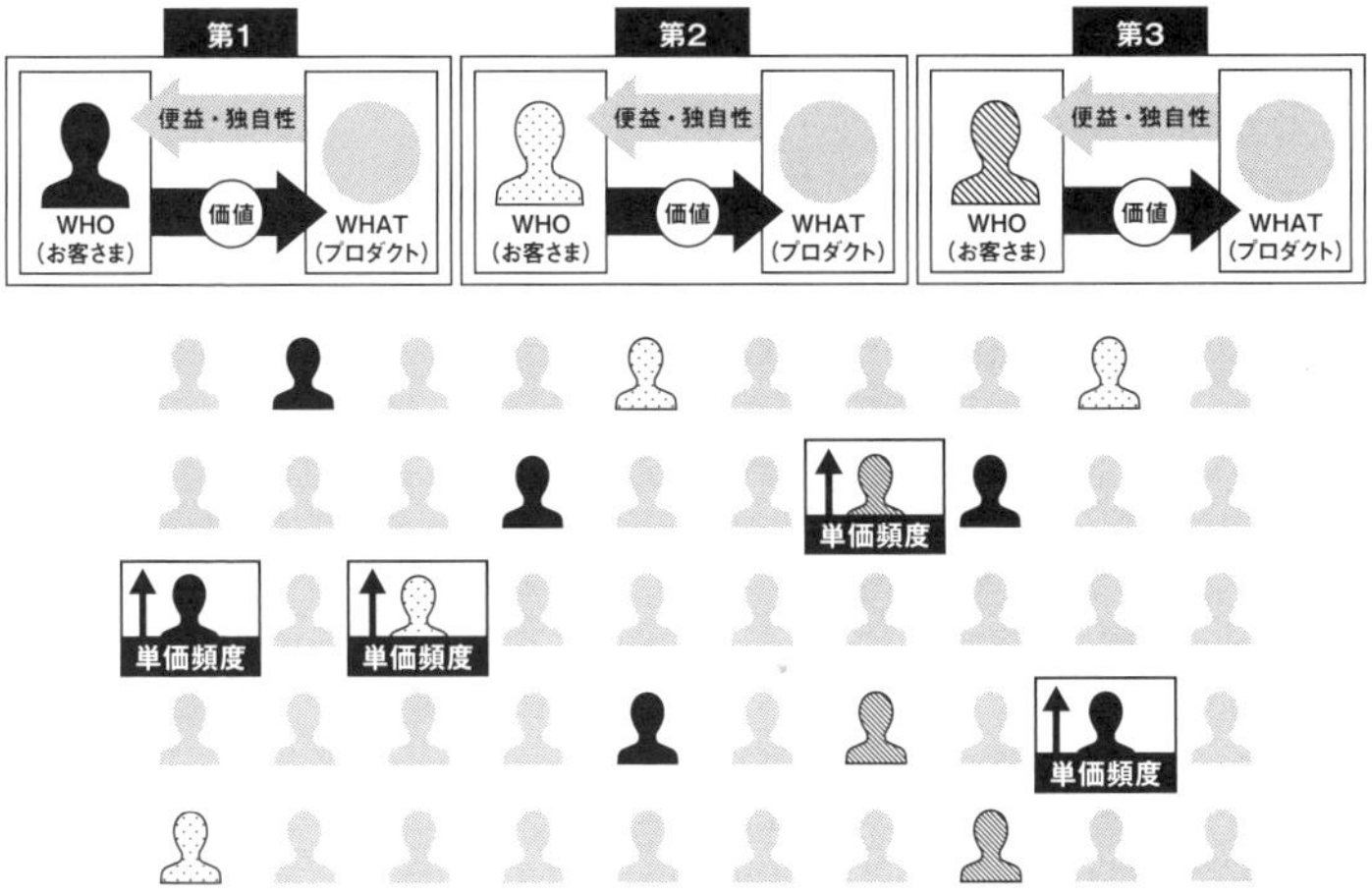

ただし、水平拡大の余地は大きく残っていても永遠ではありませんので、同時にプロダクトが持つ価値を多様に創造していくことも重要です。

プロダクトに対して価値を見いだすWHOとWHATの組み合わせを増やしていくことで、お客さまの数の規模を増やし、継続的に売上と収益性を拡大していくのです。

《同じプロダクトでも、お客さまが感じる価値はさまざま》

たとえば、マクドナルドのお客さまも朝マックやハンバーガーのみが好きな人ばかりではありません。ポテトが好きだからマクドナルドに行くという人もいれば、子ども向けのセットに魅力を感じている家族連れもいます。ほかにもシェイクやソフトクリームなどのスイーツに魅力を感じているお客さまなど、複数のWHOとWHATの組み合わせがあります。

スターバックスコーヒーには「くつろげる場所」というイメージがあります。スターバックス自身のミッションも「サードプレイス（自宅や職場以外のリラックスできる場所）」ですし、ソファがあったり、心地よい音楽が流れていたりするため、店内でくつろいでいる人が多いというイメージがあります。しかし、じつはテイクアウトのお客さまの比率が高く、世界全体で見れば売上の8割以上がテイクアウトによるものといいます。※「日経クロストレンド」2020年6月24日　最高執行責任者ロズ・ブルーワー氏のインタビューより https://xtrend.nikkei.com/atcl/contents/18/00079/00061/

そのため、スターバックスでは店内でのホスピタリティを高めてイートインのお客さまの居心地をよくすると同時に、テイクアウトのお客さまをどうとらえるかということも考えられています。

たとえば、テイクアウトのお客さまのために、事前にスマホのアプリから注文と支払いを済ませて店舗で商品を受け取れるシステムを開発することで、オーダー待ちの時間を嫌う人をきちんと取り込んでいます。

また、新型コロナウイルスの感染拡大で外食需要が減少した際には、アプリで注文した商品だけピックアップできる専門店舗をつくって売上を確保していました。

ほかにもドライブスルーや宅配サービスなどを充実させることで、「イートインはしないけど、スターバックスのコーヒーは飲みたい」というお客さまのニーズに応えているのです。

このように、スターバックスのお客さまには、お店でくつろぎたい人もいれば、コーヒーを持ち帰りたい人もいます。ギフト目的にプリペイドカードを買う人や、コーヒー豆だけを買いに来る人もいます。複数のWHOとWHATの組み合わせがあるのです。

こうしたお客さまに「なぜこの店に来ているのですか?」「なぜこのプロダクトを買い続けているのですか?」と聞いたとき、そのバリエーションがお客さまの人数以上になることはありません。

たとえば100人に聞いたら、その答えが100パターン以上になることはなく、**主たる便益と独自性に絞ってグループ化すれば、売上の大部分は細かく分けても10〜20パターン、たいていは5〜10パターン程度で成り立っています。**

その5〜10パターンのWHOとWHATの組み合わせを拡大していくことで、ビジネスは伸長していくのです。

さらにいえば、プロダクトに価値が見いだされ、お客さまが0から1人、1人から10人、10人から1000人と増えていったとき、その1000人がスケールアップの限界かといえば、そんなことはありません。

今いるお客さまと同じように、このプロダクトに価値を見いだしてくれる潜在的なお客さまはまだいるはずです。しかし、そのプロダクトを認知していないがゆえに選んでいないという状態に陥ってしまっている可能性が高いです。

そもそも、私の経験上、スケールアップの限界に達しているプロダクトに出会ったことがありません。たとえば、世界中でもっとも有名な飲食店の1つであるマクドナルドでさえ、世界中の潜在的なお客さま全員がすでに食べたことがあるかといえば、まだ実現していません。

だからこそ、そのプロダクトに価値を見いだしてくれるお客さまは、誰なのかを理解することが、すべての起点となるのです。

《「〇〇のお客さまは1種類」という勘違い》

マーケターの中にも、こうした点を誤解して「うちのプロダクトのポジショニングは〇〇だから、お客さまは1種類」と思い込んでいる人も少なくありません。

なぜ、そのプロダクトには1種類の便益と独自性しかないと思い込んでいるのかというと、「お客さまを平均値やマスでとらえて」「企業側が価値を提供している」と考えているからです。

でも実際はそうではなく、1つのプロダクトにはさまざまな便益を感じるお客さまがいます。

たとえば、レッドブルというエナジードリンクがあります。

レッドブルを飲む人は、仕事をバリバリしているビジネスパーソンというイメージがあるかもしれませんが、実際にはそれだけではありません。

とくに欧米では、ウォッカなどのアルコール度数の高いお酒で割ってカフェインとアルコールを同時摂取して楽しんでいる人もいれば、夜通し遊ぶために眠気覚ましに飲んでいる人もいるし、単純に炭酸飲料代わりに飲んでいる人もいます。

じつはこのレッドブル、もともとは日本の栄養ドリンクのリポビタンDが販売のきっかけだったといわれています。

レッドブルは、タイで売られていた「リポビタンDに似た商品」を、レッドブルの創業者ディートリッヒ・マテシッツさんが見つけて製造販売権を獲得します。そしてヨーロッパで販売をはじめるのですが、その際にはクラブなど夜の遊び場に持っていって、若者に試供品を配って宣伝したところ、大流行したそうです。

当時、日本のマーケットではリポビタンDのほかにも、オロナミンCやアリナミンVなどの栄養ドリンクが市場にあったため、レッドブルの独自性はそれほど強くありませんでした。一方、欧米にはエナジードリンクというマーケットがなかったため大ヒットし、今や世界172か国以上で取り扱われ、年間販売数は98億缶以上になっているそうです。

また、レッドブル社はプロペラ飛行機のエアレースを主催したり、F1に参戦したり、BMXやスケートボードなどのエクストリームスポーツのイベントのスポンサーになるなど、ビジネスパーソンよりも若者のカルチャーを意識しているようです。

ですから、日本で売られている栄養ドリンクも方法によっては世界に大きく広げていく可能性があったともいえるでしょう。働く人やがんばっている人に向けて滋養強壮や疲労回復という効能を訴えるだけでなく、「遊びの場でハジけるためのドリンク」として提案したら、世界中に広まっていたかもしれません。

リポビタンDは、栄養ドリンクという新たなカテゴリーを日本のマーケットにつくりだし、同じポジショニングと訴求で長年シェア1位を獲得してきましたが、WHOとWHATの関係は複数創出されることを前提に、お客さまのイメージを広げていたら、欧米にも販路を拡大していたかもしれないということです。

マーケティングの難しさであると同時に、面白さでもあるといえるでしょう。

《「10→1000」の段階は「WHOとWHATの組み合わせ」を最大化する》

話は戻り、プロダクトにおいて「WHOとWHATの価値関係」の複数の組み合わせを見つけ、それに価値を感じてくれるお客さまの規模を拡大していくことが、「10→1000」へ向かう道筋になります。

たとえば、ロート製薬で私がマーケティングに携わった「肌ラボ」も、このようにお客さまの数の規模を拡大していきました。

当初は、「ヒアルロン酸がたっぷり入った化粧水」「製薬会社がまじめにつくった化粧水」などというメーカー視点でした。

実際のお客さまへのインタビュー調査を行ったところ、1人のお客さまがベタつきと安さをほめながら、「頬が手にくっつくくらいベタベタする」と笑顔でその様子を示したのです。さらに「ベタつきは保湿力が高い証拠」とも力説。

これらがコミュニケーションアイデアの大きなヒントとなり、「手に頬がくっついて離れなくなるほど〝もちもち肌〟になる化粧水」という訴求につながって、年間20

億円から160億円の売上規模までになり、販売本数ベースで日本NO・1の化粧水に。さらには、アジア各国に導入されるまでになったのです。

また、私がマーケティングで携わったスマートニュースも、「WHOとWHATの価値関係」の組み合わせを拡大していく施策を行いました。

私が参画した2017年当時のスマートニュースには「新聞やテレビ、雑誌などの旬のニュースがすぐに見られる」という便益はありましたが、競合のニュースアプリに押されて、ダウンロードしてくれるお客さまの数が伸び悩んでいる状態にありました。

そのようななか、お客さまの増加にもつながった「英語ニュースチャンネル」は、私の妻への「N1分析」のインタビューから出てきた案でした。

娘の英語の勉強のためとして、妻がスマートニュースの英語版を使っていて、その便利さを評価していたことから、そこに独自性のあるアイデアだと感じました。これが、英語のニュースを毎日英語で読める「ワールドニュースチャンネル」を日本版に導入するきっかけになりました。

「ワールドニュースチャンネル」をはじめいくつかの「WHOとWHATの価値関係」の組み合わせを加えていったところ、中でも反響が大きかったのは、前述した「クーポンチャンネル」の存在です。

「飲食店のお得なクーポン」という便益を加えたところ、高い価値を見いだしてくれるお客さまが一気に増えました。


こうした事例は、ほかにもたくさんあります。

たとえば、ワークマンはもともと実用性と機能性に優れた低価格の作業服や防寒着で有名でした。そのお客さまは主に現場作業のプロたちでしたが、ワークマンの実用性や機能性はアウトドア好きな人たちからも注目されていました。

その後、ワークマンが積極的に「普段着でも使えるようなファッション性」を取り入れたことによって、アウトドアやスキー、スノーボードなどを好む一般客や女性客が増えていきました。

「職人向けの頑丈な作業服」ということ以外に「WHOとWHATの価値関係」が見つかり、それを拡大していったのです。

《WHOによって、HOWも変わる》

各プロダクトの「WHOとWHATの価値関係」の組み合わせは、潜在的なお客さまに対し、便益と独自性を伝える必要があるのです。

たとえば、働く母親が多く、ふだんゆっくりとテレビを見る時間はない層と、大学生を中心とした若い層の2つのお客さまを考えます。

働く母親が多い層と大学生を中心とした層では、ふだん見ているメディアも生活習慣も違いますから、便益と独自性を伝えるためのメディアや方法、回数などの手段（HOW）はそれぞれ変える必要があります。

そして、施策を行うメディアやツールによって、当然かかるコストも変わってきます。それによって、売上からコストを差し引いた利益率、つまり投資効率も変わってきます。

投資効率が高い施策もあれば低い施策もあり、すべて同じようにやるわけにはいかないため、投資効率の高い施策に集中させる必要があるのです。

ちなみに、「ＷＨＯとＷＨＡＴの価値関係」の組み合わせを見つけたとき、そこに需要があるのか、また、それをどれだけ広げていけるかなどを投資前に判断するためには、潜在的なお客さま層に事前に量的調査でコンセプトテストをするほか、小規模な範囲でプロダクトを販売してみるテスト・マーケティングなど、さまざまな方法があります（本書では具体的な手法や方法には触れませんが、拙著『たった一人の分析から事業は成長する　実践 顧客起点マーケティング』では詳しく触れており、ネット検索でもたくさんの事前テストの手法が紹介されています）。

まとめると、**どんな人にどんな便益と独自性を提案するか（ＷＨＯとＷＨＡＴ）という組み合わせを考えたら、それを実現する方法（ＨＯＷ）を考え、さらに複数の「ＷＨＯとＷＨＡＴの価値関係」の組み合わせから投資効率の高いものを選んで集中させるのです。**

その際もＨＯＷから入ってしまうと、マーケティングの樹海に迷い込むことになります。たとえば、「今、YouTubeがきているから」とYouTubeでアピールしても、働く母親たちがYouTubeを見ていなかったら、まったく響きませんよね。

やはり、WHOとWHATをとらえたうえで有効なHOWを決めることが重要だということがわかります。

《「既存のお客さま」の購買頻度を高めるには》

ここまでは新規のお客さまに対する認知を拡大して、その数を増やしていく方法をお話ししてきました。

売上を上げるための方法は、お客さまの数を増やすだけではありません。お客さまの購入単価と購買頻度を上げることも売上アップにつながっていきます。

たとえば、製品改良やサービスの充実によって使用・購入の量や頻度を向上させる以外にも、お客さまが価値を見いだす異なるプロダクトを提案して、新たな使用・購入の機会をつくるのも1つの手です。

ここでもマクドナルドを例にすると、朝マックだけを食べていた人に、ランチも夜も買ってもらうことを考えるなどもそうです。

これは実際にマクドナルドが行った施策ですが、17時から「夜マック」というメニューを展開することで、お客さまの購買頻度と単価を上げ、売上を増加させたのです。

その際、夜の時間帯はしっかり食事をとりたいというニーズが強いため、お客さまが満足できるように、プラス100円でパティが倍になる肉厚のハンバーガーを提供しました。

仮にマクドナルドを訪れるお客さまの数自体に変化がなくても、1人ひとりの購買頻度が上がり、単価が上がることで、掛け算として全体の売上も上がります。単価と頻度の最大化を示す好例といえるでしょう。

また、朝マックやランチは買わないけれども、夜マックなら買ってみたいというお客さまがいれば、お客さまの数も増えていきます。そこで、異なる価値を感じる人たちを見つけだし、それぞれの単価と頻度を上げていくということです。

プロダクトが提供できる多様な便益と独自性の組み合わせによって、多様なお客さまに価値を感じてもらい、潜在的なお客さまを新規のお客さまとして取り込んでいくことができます。同時に、既存のお客さまの単価と頻度の最大化も行っていきます。

このように「0→1」「1→10」「10→1000」とお客さまの数の規模を大きくしていくのがビジネスを成長させていく基本となるプロセスともいえます。

MARKETING ADVENTURE

第5章 マーケティングとブランディング

――一過性と継続性と離反、そしてブランディングへ

お客さまから常に選ばれ続けるためには？

≪プロダクトは「価値の評価」にさらされ続ける≫

これまで説明してきたように、お客さまはプロダクトに便益と独自性を見いだし、そこに価値を感じれば、お金や体力など自分の持っている有限の資源を提供して交換し、入手します。これがお客さまによる**「はじめての価値の評価」**であり、初回購買の仕組みです。

そしてプロダクトを使用したり、体験したり、もしくは所有したあと、お客さまによる**「価値の再評価」**が起こります。

お客さまがプロダクトを実際に使ってみて「やっぱりよかった」、もしくは「期待していた以上によかった」と思ってもらえれば、その後も使用し購買を続けてもらえます。つまり、**「継続（リピート）」**です。

一方、「期待したほどはよくない」と思われたら使用や購入はストップし、一過性に終わってしまうのです。価値なしと、離反してしまうケースです。

また、使用・購入後に便益が変わるケースもあります。

「コクのあるビールという触れ文句で買ったけれど、飲んでみると、〝コク〟というより、むしろすっきりとして〝キレ〟がよく、意外に飲みやすくてご飯に合う。これから食事のたびに飲もう」というように、実際の使用後に、購入前に期待していた便益とは異なる便益を見いだすケースなどがそうです。

それはそれで新しい価値ができたということですから、そのまま継続購買につながっていくこともあります。

さらに、一度経験した価値はお客さまにとっては、徐々に当たり前のものになっていきます。そんなときに同じ便益と独自性を打ちだした競合商品が出てくれば独自性

実際の使用体験後の価値（便益と独自性）の再評価

・期待した便益と独自性の再評価
・競合との比較

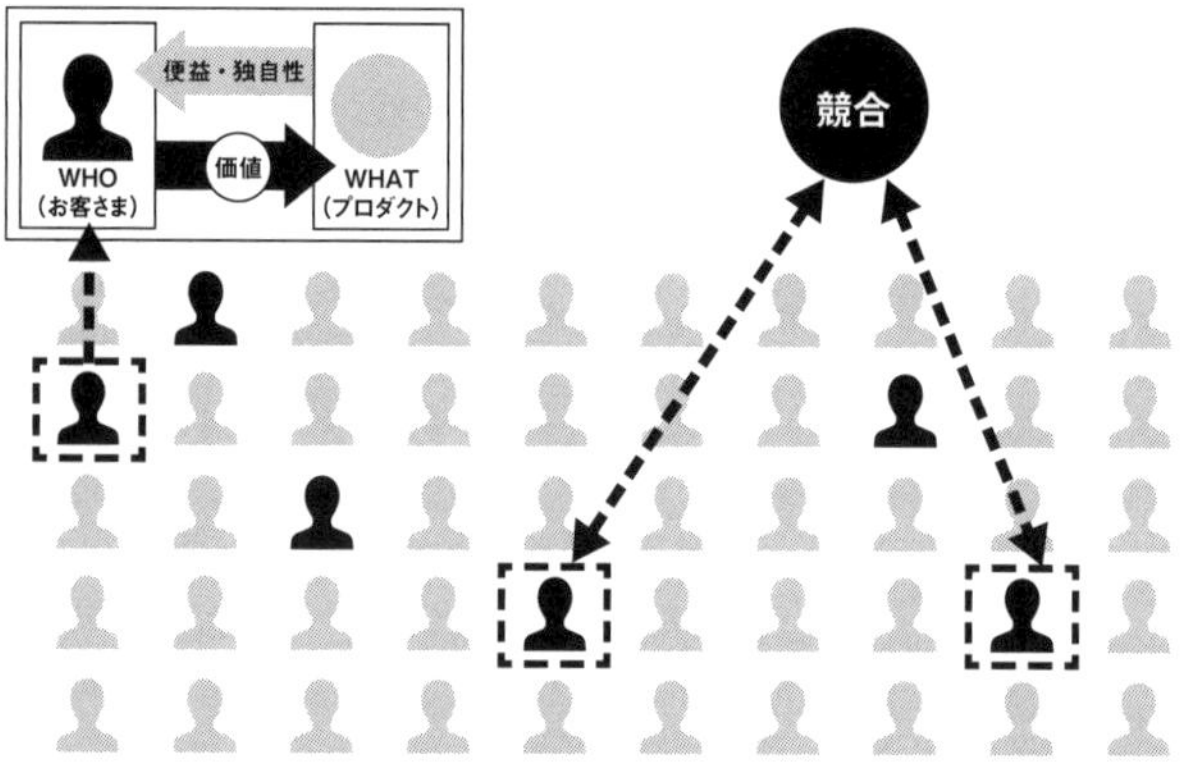

が失われ、競合商品にスイッチされてしまうこともあるでしょう。

いずれにしても、お客さまが実際に使用したあとにも便益と独自性の評価は変わってくる、ということが重要なポイントです。**一度、お客さまに評価されて使用・購入されたプロダクトでも、お客さまはその価値を常に再評価し続ける**からです。

このように、プロダクトの価値には「継続性のもの」と「一過性のもの」があります。そのようななかで売れ続けるためにはどうするかを考えなければ、ビジネスとしては成り立ちません。

一過性でいいなら、商品力の弱い商品で

も広告や訴求方法で売ることは可能です。たとえば、ごく普通のジュースでも人気タレントやアイドルが、さもおいしいジュースかのように提案したテレビCMを流すなど、お客さまに「価値がある」と思わせて買わせる。

しかし一時的には売れるかもしれませんが、実際に飲んで、便益も普通で独自性もないと思われたら次はありません。1回売れたとしても、その先の売上は見込めないでしょう。

多くのビジネスは継続的に購買してもらうことで成り立っています。だからこそ、**お客さまに継続的に購買してもらえる価値づくり**をどうしたらいいかを常に考えなければいけないということです。

《継続的に購買してもらうためのマーケティングの役割とは？》

では、お客さまの継続的な購買を促すためには、何が重要でしょうか？

まず売上を構成する式を半年間や1年間という一定期間で区切り、分解する必要があります。

まず分解するのは「お客さまの数」です。なぜなら、多様な種類のお客さまが混在しているからです。

たとえば、半年間ずっと継続してくれているお客さまもいれば、半年間のうちにいなくなって離反していくお客さまもいます。半年の間に新たに買ってくれるお客さまもいます。

ですから、**一般的に「お客さまの数」といわれるものは、「継続している既存のお客さまの数」から「離反した既存のお客さまの数」を引いた数に「新規のお客さまの数」を足したもの**といえます（左の式参照）。

お客さまの数

＝

継続している既存のお客さまの数

－

離反する既存のお客さまの数

＋

新規のお客さまの数

一般的に使われるユーザー数や読者数なども、こうしたさまざまなお客さま（継続、新規、離反）が混在している状態といえます。

ここで大事なポイントは、それぞれのお客さまが見いだしている価値は、それぞれ違うということです。

たとえば、離反していったお客さまは今のプロダクトに価値を見いだせずに離れていったのですから、同じ便益と独自性を提案しても無駄かもしれません。

ある便益と独自性に価値を感じているお客さまの中に離反する人が多いのであれば、その便益と独自性を見直す必要があります。

《もっとも重視すべきは「継続購買してくださるお客さま」》

「新規のお客さまが見いだした便益と独自性」と「継続しているお客さまが見いだしている便益と独自性」が同じかどうかもわかりません。

なぜなら、さきほど述べたように、継続しているお客さまはすでに価値の再評価を行っているため、そもそも購入をはじめたときに見いだしていた価値とは違う価値を見いだしている可能性があるからです。

たとえばスナック菓子でも、お客さまは「激辛スナック」をアピールするその辛さを期待して購入したけれども、実際にはそれほど辛く感じなかった。ただ、どこかクセになるような独特の旨みがあって食べ続けているのかもしれません。

これがお客さまの評価であれば、既存のお客さまへは、激辛を押しつけずに「激辛なのにうまい」を訴求したほうが継続していただける可能性が高くなりそうです。

お客さまの継続購買を促すためには、**「もっとも高い頻度で継続してくれているお客さまがこのプロダクトにどんな便益と独自性を見いだしているのか、どういった理由でこのプロダクトの購入や使用を続けているのか」**を調べていくことが大切です。

多様な種類のお客さまについて、シャンプーを例に考えてみましょう。

そのシャンプーを毎月のように買ってくれるお客さまがいるとします。この方たちは「継続しているお客さま」といえます。

実際の使用体験後の価値（便益と独自性）の再評価

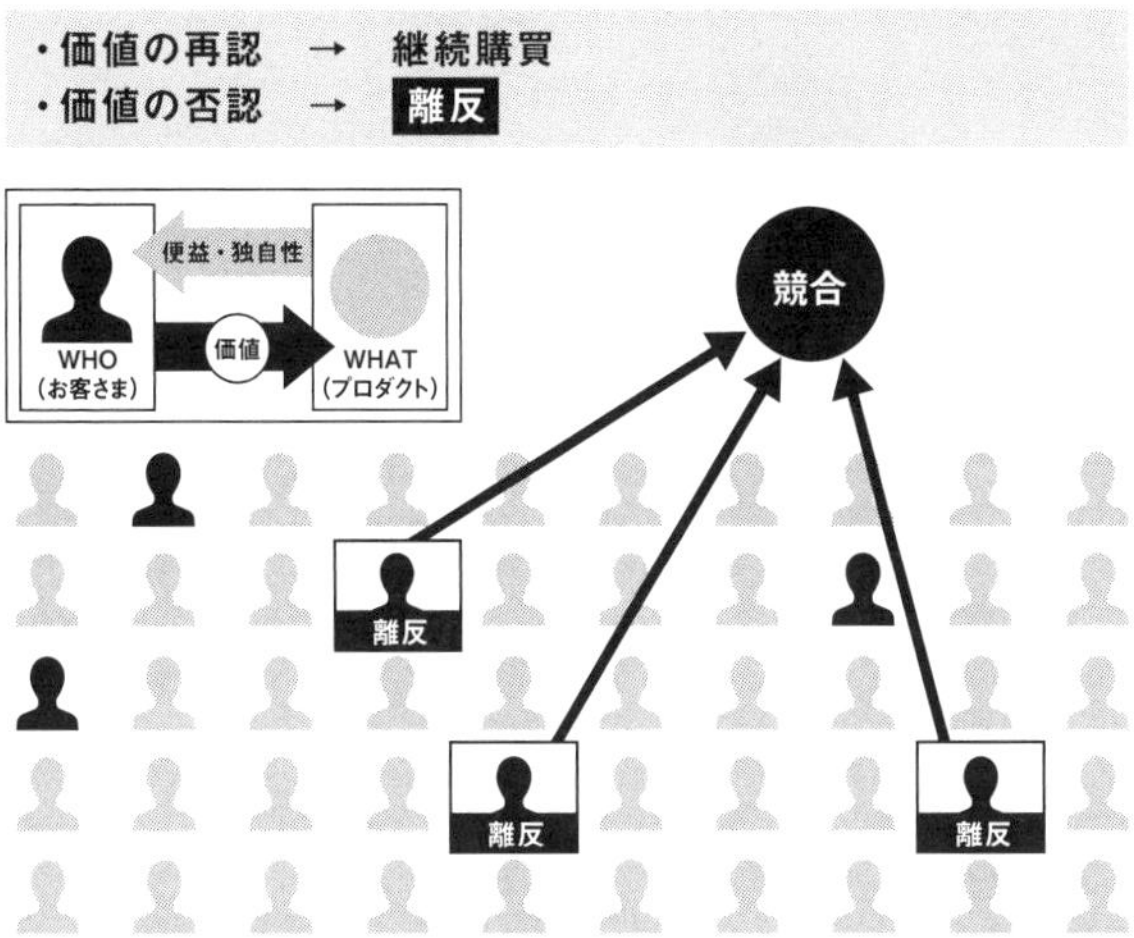

また、毎月ではないけれど、ときどき買ってくれる「一般的なお客さま」もいます。

一方、シャンプーを使ってみたけれど、それほど便益がないと感じた、あるいは使っているうちに髪に合わなくなってきたということで「離反していくお客さま」もいます。

もしくは一度離反してずっと使っていなかったけれど、最近売れていることを聞いて使ってみたら、よかったからまた使いはじめた人もいます。この方たちは「離反から復帰したお客さま」です。

さらに、そのシャンプーのことは知っているけれど、買ったことがないという「未購買のお客さま」もいます。

このように多様な種類のお客さまがいるため、こうした方々がそれぞれどのくらいいるのか、それぞれのお客さまがどんな便益と独自性を感じてくれているのかを「N1分析」のインタビューなどで深掘りしていきます。

このうち、もっとも重視すべきは前述したように**「継続しているお客さま」**であり、この人たちが感じている便益と独自性をさらに強化することです。

なぜなら、この便益と独自性を感じている人たちは「上位顧客」として、そのシャンプーの売上を支えてくれているからです。一般的には、上位顧客の20%が全売上の80%を占めているといわれています。そこまでではなくても、売上は必ず上位集中しています。

継続しているお客さまの数を増やしていくことが売上アップにつながる。そこで、そのためには何が必要か、お客さまの行動に変化を与えたポイントなどを探りだすのです。

ただし、そのお客さまも、このままずっと継続してくれるとは限りません。

お客さまは、ほかの商品と比べたり常に価値の再評価を行っていたりするので、いつ離反してほかのシャンプーにスイッチするかはわからないのです。そのため、一般的なお客さまや、離反から復帰したお客さまの単価と頻度を上げる施策も必要です。

そこで、一般的なお客さまに対しては、「毎月買ってくれているお客さまとのギャップがどこにあるのか」「どうしたらそのギャップを埋められるのか」を探ります。

離反から復帰したお客さまからは、「プロダクトの購入をやめたきっかけと復帰した理由」を聞き、「離反した人たちの中でどんな人が復帰しやすいか」を検討します。離反する人たちにも、「復帰しやすい人」と「復帰しにくい人」がいるため、その違いはどこにあるのかを探るのです。

一方、離反していったお客さまからは「何にスイッチしたか、その競合を選んだ理由」を聞きだします。「今までとは違う便益と独自性の提案ができるかどうか」「再び利用してもらうためにはどんなポイントが必要か」を考えていきます。

当然、新規のお客さまも「ＷＨＯとＷＨＡＴの価値関係」で増やしていかなければなりません。

《マーケティングでやるべきことは、究極的には2つ》

では、これまでの話をおさらいします。

お客さまの数を増やしていくために、まずは不特定多数のマーケット全体から、「最初のお客さま」を探しだします。潜在顧客から、プロダクトを購入した「最初のお客さま」です。

その際には、「最初のお客さま」がどんな便益と独自性に価値を感じているのか、この人はどんな人なのかをきちんと見極める必要があります。

次に、最初のお客さまとは異なる便益と独自性を見いだし、価値を感じているお客さまを見つけます。

さらに、それらのお客さまが感じた価値と重なるお客さまを探しだし、価値を知ってもらう方法を考え、購入・使用につなげていきます。ここまでが「初回購買」です。

プロダクトの使用後には「そもそも自分が期待していた便益と独自性に見合ったかどうか」、もしくは「期待していた便益と独自性ではないけれども、ほかの便益と独自性を見いだすことができたかどうか」という「価値の再評価」が起こります。

初期購買→継続購買と離反

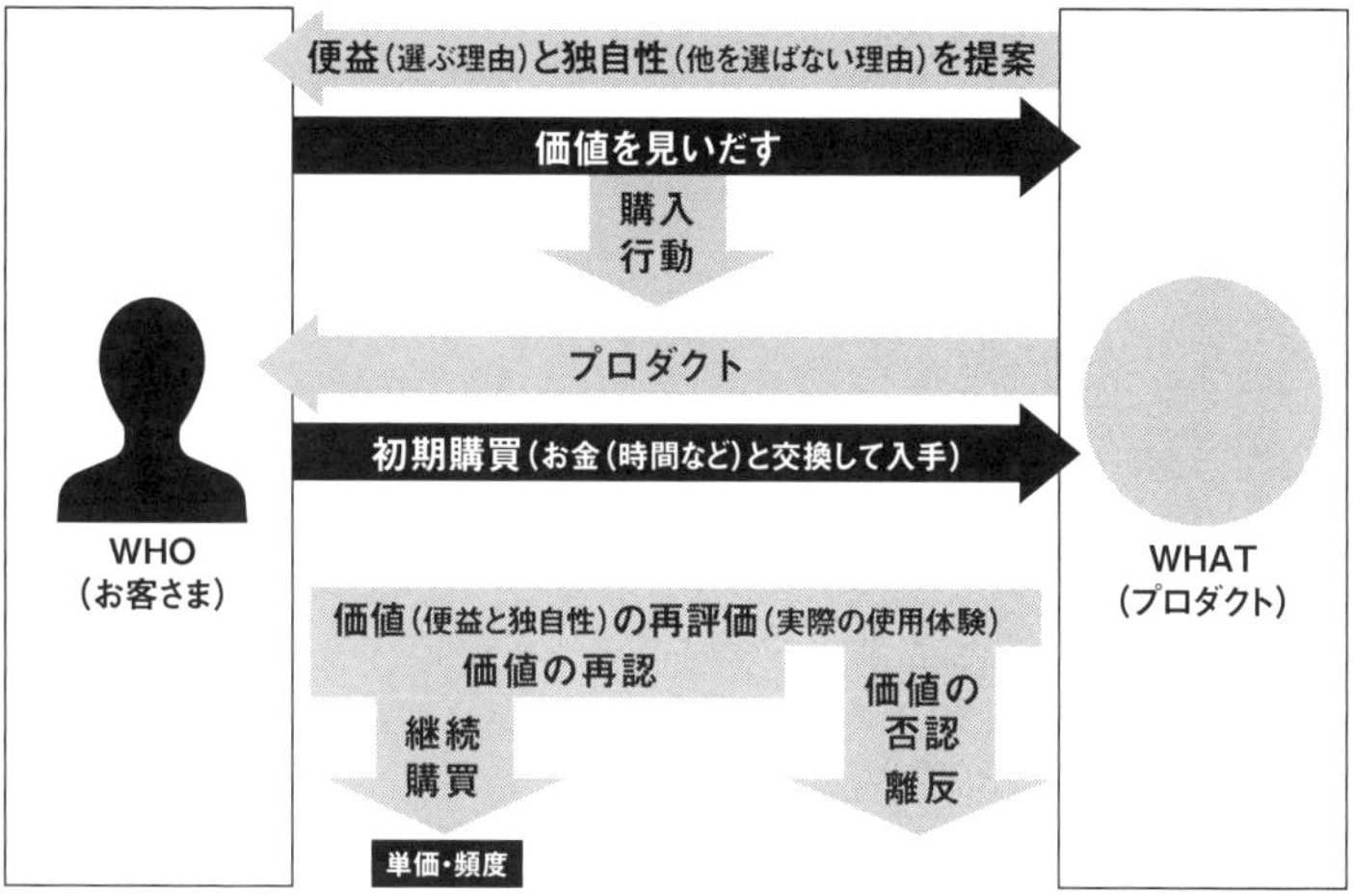

一度プロダクトを使用したり体験したりしたお客さまに、再び価値を感じていただけると、「継続購買（リピート）」につながります。そして、継続購買しているお客さまが見いだす便益と独自性を理解し、「単価・頻度」を上げていくのです。

継続すべく離反しないようにするのが理想ですが、中には離反していく人も出てきます。その場合は、「どのような便益と独自性であれば、再びプロダクトに価値を見いだしていただけるか」を考えていきます。

これがマーケティングの仕事です。**新規のお客さまの数を拡大していくと同時に、離反を最小化し、お客さまの継続購買を促**

すこと。そのための継続的な便益と独自性の提案と価値づくり。これらが、すべてといっても過言ではありません。

このように考えていくと、マーケティングというのは非常にシンプルなことだと理解できるでしょう。

なぜ難しいと思われているのかというと、それは「お客さま」を軸に考えないからです。「誰に（WHO）」があいまいなまま手段や手法から入ろうとすると、「マーケティングの樹海」に迷い込んでしまいます。

それぞれのお客さまがどんな便益と独自性を感じているのかを知り、お客さまになる可能性のある人とはどんな人か、その人たちに何を伝えたらいいのかを軸に立てていくと、自ずとその手段と手法も見えてくるのです。

言葉はよく耳にするけれど、あらためて「ブランディング」とは？

《お客さまの忘却と離反を防ぐ手段が「ブランディング」》

プロダクトに価値を感じない、すなわち自分にとっての便益も独自性も見いだせないお客さまは離反していく、という話をしました。

ただし、中にはプロダクトに価値を感じていても忘れてしまうお客さまもいます。**「価値があると感じていたけれども、つい忘れていて今は離れている」というお客さまが、どんなビジネスでも大きな割合を占めているのです。**

たとえば大手飲食チェーンには、このような「忘却離反」が多く見られます。決し

ブランディングの役割

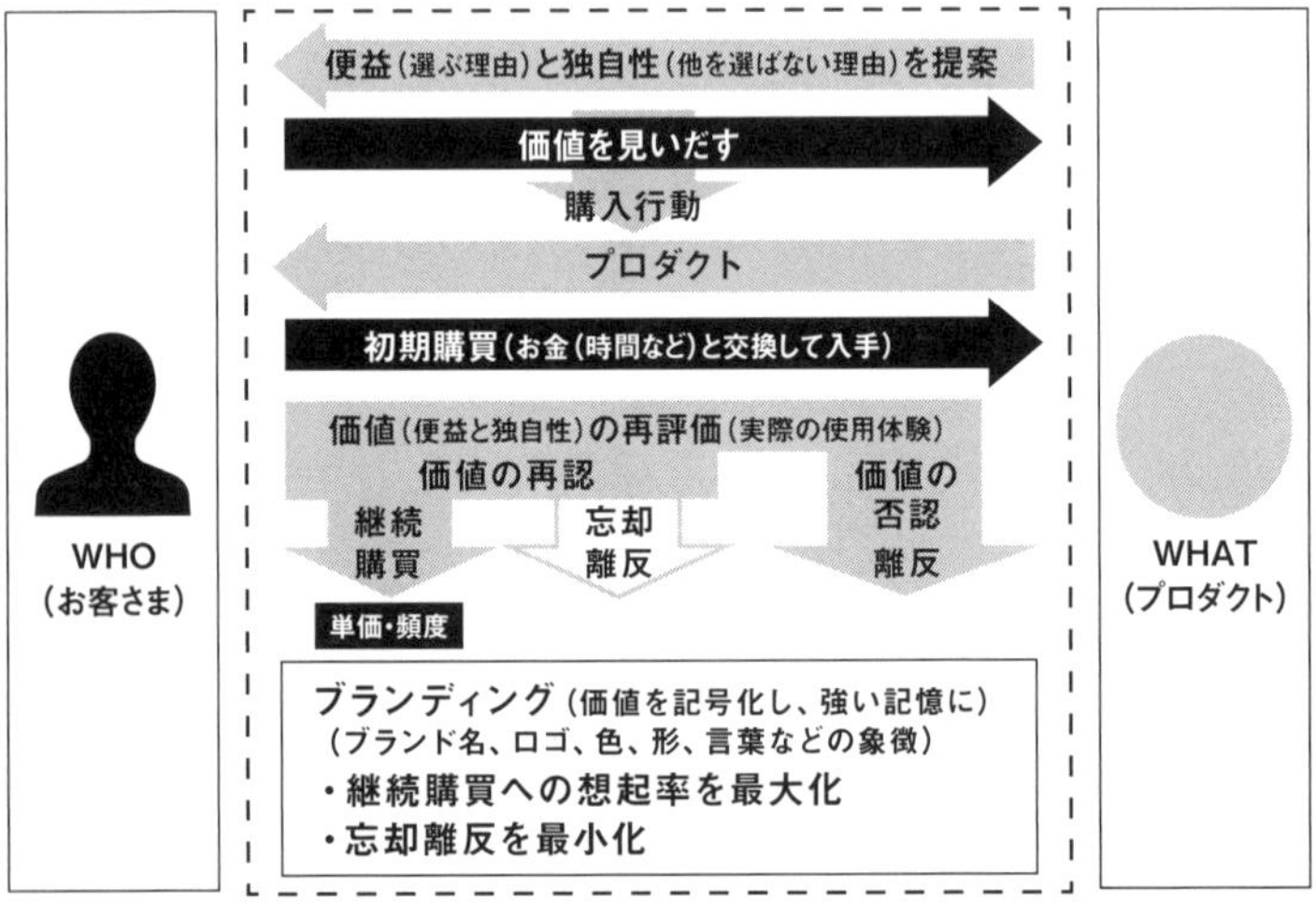

て嫌いではないし、昔はよく行っていたけれど、なぜか最近は行っていないというお店が、みなさんもいくつか思い浮かぶのではないでしょうか。

プロダクトの価値を感じていないためにお客さまが離反していくのとは違い、お客さまに価値はあると再評価されたのに、なんとなく忘れられて離反しているケースです。忘れているだけなので、自宅や職場の近くに新しい店舗ができたり、何かのきっかけで思いだしたりすると、復帰する可能性もあります。

こうした忘却離反を防ぐための手段が**「ブランディング」**です。

お客さまがプロダクトの価値を見いだしているにもかかわらず、強く記憶されていないために継続的な購買や使用という行動に結びつかない。それを防ぐために、「ブランディング」が重要になってくるのです。

「ブランディング」とは、ブランド名や色、形、デザイン、ロゴ、音、言葉など何らかのかたちでお客さまがプロダクトに価値を見いだした便益と独自性を記憶として残し、忘却による離反を減らし、継続購買へとつなげるべく想起促進の手段です。

特徴的なブランド名やデザインなどを通して、「お客さまが価値を見いだした便益と独自性を覚えてもらい、購入や使用の際に選択肢として真っ先に思い浮かべてもらう」ということです。

たとえば、毎日1包ずつ飲むと体脂肪率が0・1％ずつ落ちるという健康食品を売りだすとします。1か月分30包入りで3000円。こんな商品があったら魅力的かもしれませんが、これではまだ記憶されやすいブランディングがされていない状態です。

これを仮に「体脂肪オチール」と名付けてみます。まあ、そのままのネーミングという感じですが、こうして名前を付けると覚えやすくなりますよね。

さらに、ウエストがぎゅっと絞られた筋肉質の男女がガッツポーズをしている映像を使った広告を展開したり、その男女のイラストが描かれたパッケージをつくったりします。すると、「ああ、あのガッツポーズのオチールね」と人々の記憶に残ります。それが多くの人に記憶されると、ややこしい説明をする必要はなく、「毎日、オチールで体脂肪を落とそう！」とか「40代になったらオチール」でいいわけです。また男女のイラストを見た人が「あの0・1％落ちるってやつか」とすぐに想起してくれるようになります。これがブランディングされている、という状態です。

では、次に実際のケースでも見てみましょう。ロート製薬在籍時に関わった商品に「メラノCC」というシミ対策の美容液があります。

現在も非常に売れており、最近では、偽物の商品が出回るほどの人気のようですが、じつは、この商品は2000年代に「しみ・そばかす対策液ＥＸ」という異なるネーミングと黒を基調とした異なるパッケージデザインで販売していたものを大胆にリニューアルしたものです。

「しみ・そばかす対策液ＥＸ」の商品力は、主成分であるビタミンの効用で、強いシ

ブランディングによる訴求の変化

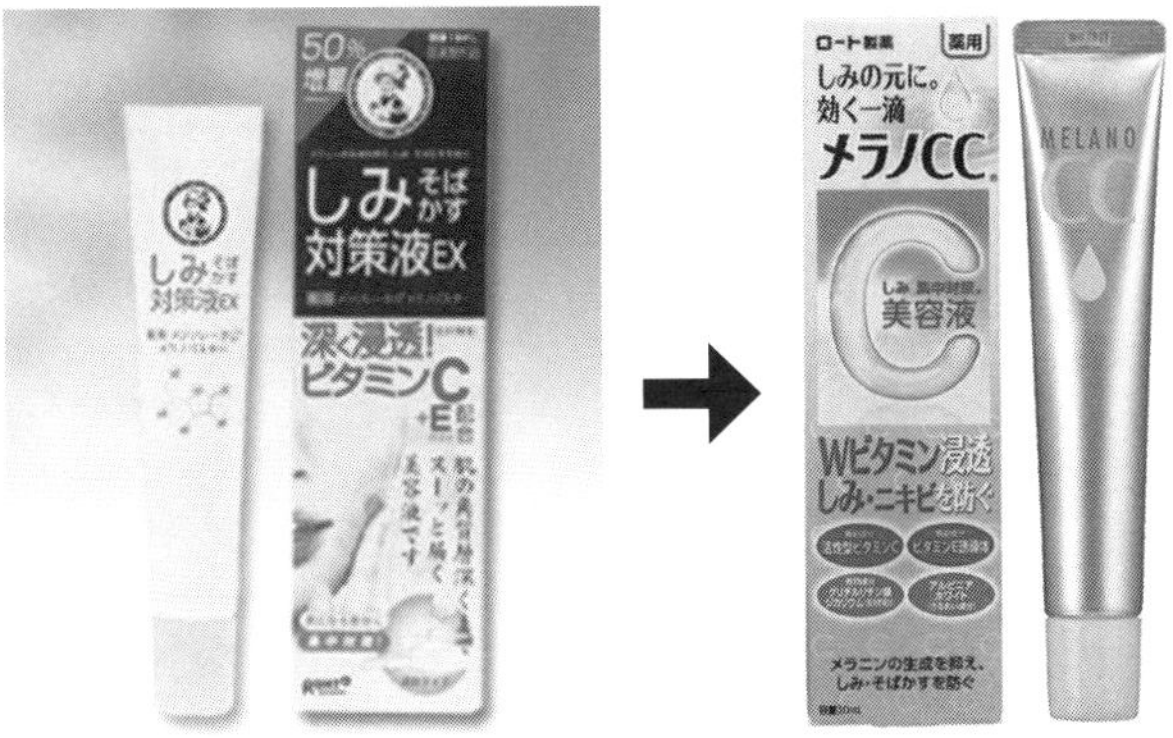

ミ対策効果があったものの、類似したデザインの商品が市場にあったことも遠因で、新規ユーザーも増えず、リピートが思ったほど上がりませんでした。

そこで、２００９年にネーミングもパッケージデザインも変えてリニューアルすることに。商品効果の鍵であるビタミンＣをブランディングの軸とするためにネーミングに「Ｃ」を２回入れて、パッケージのデザインも黄色でビタミン感たっぷりに仕上げて「シミの元に効く一滴」という訴求で提案しました。

すると、「しみ・そばかす対策液ＥＸ」時をはるかに超える新規ユーザーが購入され、さらに、黄色で覚えやすく、指名購入も増えて継続購買が圧倒的に増えたのです。商品としての強い便益と独自性があって、それをテコにしたブランディングで相乗効果がつくれた一例です。

ブランディングに成功すると、価値を感じていながらも忘れられてしまうという忘却離反が少なくなります。そして、価値があると感じて想起されやすく継続購入してくれる人が増えていくのです。

《お客さまの記憶に残るためのブランディング》

ブランディングについてより理解を深めるために、別の例で考えてみましょう。

ある地方の老舗和菓子屋さんで、非常においしい最中《もなか》をつくって売っていたとします。

でも、その店の屋号も外観も、最中の見た目もパッケージも普通です。名前も単に「最中」だけ。街の小さな和菓子屋さんでも、よくこういった商品を見かけますよね。

ただ、この店の最中の味は抜群です。自然素材だけを使った餡《あん》にも、香ばしい皮にもこだわりがあります。地元では価値の再評価がされていて、「あそこの最中はすごくおいしいよね」といわれていますが、その街の人しか知りません。

これはブランディングに失敗している例といえます。「おいしい」という便益はあっても、名前がなくて覚えられないために広がっていないのです。

そのようななか、最中の製造法を学びに来た人がいました。最中はとてもおいしいのにほかの地域や業界以外では知られていないことを残念に思い、その人はブランディングによってもっと売りだそうとします。

では、どうするのか？　街の住民以外から覚えてもらうためには、やはり名前が必要です。

そこで最中に「幻の行列最中」という名前を付けて、ロゴをつくります。

商品パッケージも特徴的なものにします。「行列」というからには、大勢の人が最中を求めて駆け寄ってきているイラストなどを入れるといいかもしれません。

それを全国各地に届けるためにはどうしたらいいでしょうか？　最中は贈り物にも適していますが、やはり地方のお店の店頭販売だけでは不十分なため、インターネット通販でも売ることにします。

このように、ブランド名、ロゴ、パッケージデザインなどを覚えやすいものにして独自性をつくり、販売チャネルを拡大する。こうした施策をいくつも実行して、ブランディングをするのです。

実際に食べてみると非常においしいので、「この行列最中、すごくおいしいよ」「行列のイラストのやつね」と全国的に話題になります。「幻の行列最中」という名前が忘れられない要素として多くの人に残るのです。

また、インターネット通販という販売手法によって、その価値を大きく広げていくこともできます。

ブランディングによって、無名だった商品が広がっていくのです。

《商品名を覚えられてこその独自性》

実際のマーケットにおいてブランディングで成功した例といえば、ロート製薬の「肌ラボ」シリーズの「極潤《ごくじゅん》」もその1つかもしれません。

この商品の何が特徴的だったかというと、化粧水や化粧クリームの名前に漢字を使ったことです。漢字表記は今ではわりと見られるようになりましたが、当時は化粧品には英語の名前を使い、きれいでシンプルなイメージのパッケージデザインにすることがほとんどでした。

そこに「極潤」や「肌ラボ」といった漢字で大きく書かれた商品が出たのですから、インパクトがあったわけです。ほかの商品と差別化する要素として秀逸だったといえます。

しかも、「極潤」の化粧水や化粧クリームはベタベタするほど保湿力が高いのが特徴でした。つまり、保湿力を求める人にとっては強い便益と独自性があり、その便益と独自性を漢字2文字でしっかり表現していたわけです。

あの商品を仮に「スキンラボ」などのような英語名にしていたら、ほかの商品との区別があいまいになったことでしょう。商品の便益も伝わりづらいため、店頭で買ってみようと手を伸ばす人が減るはずです。

また、せっかく購入してもらったあとも「あの化粧水って何だったっけ？」と忘却されてしまう可能性が高くなります。パッケージも、英語のロゴが入ったような、いわゆる化粧品らしいデザインだったら店頭でどれだかわからなくなり、目についたほかの商品にスイッチされてしまう可能性もあります。これは、私の入社前に、ロート製薬の担当チームのみなさんがつくり上げられていた、素晴らしいものづくりとブランディングの事例です。

脳のキャパシティには限界があるのに、新しいプロダクトがどんどん出てくるため、独自性のないプロダクトや特徴のないプロダクトはすぐに忘却されてしまうのです。

ほかにも、差別化しにくい商品を独特なマーケティングで売りだしたことで有名なのは、男前豆腐店の「男前豆腐」です。ブランドの名前だけでなく、パッケージもほかの豆腐とはまったく違ってイラストを全面に使ったものになっています。

「男前豆腐」が出てきたときは大きな話題になりましたが、実際は豆腐の品質や製法にも強いこだわりがあり、食べてみると非常においしいため、その後もよく売れています。一般的な豆腐らしくない見た目に独自性を感じて、買って食べてみたら、とてもおいしいという便益があったため、口コミで広がっていったのです。

そもそも豆腐というのは、見た目だけではおいしさが伝わりにくい食品です。白くて四角い豆腐が店頭に並んでいるのを見て、「この豆腐はとてもおいしそうだ」と思ってもらえるように訴求するのは難しいですよね。

また一度購入して食べたあとも、名前を覚えていないと、次も同じ豆腐の購入につながりにくく、独自性を感じさせることが難しいでしょう。だからこそ、思いきった独自のネーミングとパッケージデザインによってブランディングされたのです。

《便益と独自性がなければ、ブランディングは成功しない》

ここで注意していただきたいのは、**これらの商品はブランディングだけで成功したわけではないということです。共通しているのは、そもそも便益が強いプロダクトである**という点です。「メラノＣＣ」も「極潤」も「男前豆腐」も、それぞれに強い便益がありました。

どんなプロダクトも、独自性が立っているだけでは「ギミック」に終わってしまいかねません。

「男前豆腐」も、独自性の強さから最初は購入に結びつかなかった人もいるかもしれませんが、おいしさという便益があったために「一風変わっているけど、実際に食べたらおいしい豆腐」という口コミで話題になりました。

そもそも便益がなければ、どれほど独自性を尖《とが》らせてもブランディングは成立しないのです。

繰り返しになりますが、「ブランディング」とは、お客さまが価値を見いだした便益と独自性とプロダクトの関係を強い記憶としてお客さまに残し、忘れられないように、また思いだしやすいようにして継続購買を最大化する手段です。

つまり、**「ブランディング」とは、あくまで継続性を強化する手段**なのです。顧客がプロダクトの便益と独自性に高い価値を見いだした結果、ブランディングはその継続性を強化する手段になりますが、プロダクトの価値そのものをつくりだすわけではありません。

逆にいえば、お客さまがその便益と独自性に高い価値を見いだしていない限り、いくらブランディング的な投資をしても、売上や利益を上げることにはつながらないということです。

もちろんブランディングは重要です。重要ですが、あくまでブランディングの目的は、プロダクトの便益と独自性を思いだしてもらうために、ほかの商品と区別されることです。

「ブランディング」の語源には諸説ありますが、そもそも牛などの家畜がほかの家のものと混ざって混同しないよう焼き印を押していたことからきているともいわれています。

つまり、「ブランディング」という言葉には「区別する」という意味以上のことはないということです。たとえば焼き印をつくってそれを押したら、それだけで特別な牛になるかといえば、そんなことはありませんよね。

「ブランディングをしたら、モノが売れる」という発想は、それと似たようなものです。焼き印を押したからといって牛そのものに変化があるはずはないのに、一生懸命それればかりをやっているということです。

《ロゴも、ブランディングにひも付いている》

では、おしゃれなロゴをつくり、格好いいデザインを採用し、人目を引くネーミングにしたら、商品は売れるでしょうか？

ブランドの使用体験があるロゴは何かを想起させる

実際のマーケティングの現場でもよく「ロゴを変えましょう」「デザインを変えましょう」「ついでに名前も変えちゃいましょう」という話が出てきますが、それだけでは意味がありませんし、多くの場合、売れません。

ロゴもお客さまが感じている価値にひも付いて認識されます。プロダクトの使用体験を通して価値を感じていなければ、ロゴも認識されません。

たとえば上の図のように、たくさんのロゴタイプやロゴマークを集めたとき、よく知っているブランドであれば、好き嫌いや買いたい買いたくないなどの何かしらの反応があるはずです。

私はコカ・コーラのロゴタイプを見るだけで、自然と「スカッと爽やか」という言葉が思い浮か

南アフリカのブランドのロゴ

びますし、シュワッとするイメージも湧いてきます。

一方、ほとんど使ったことのない企業のロゴに対しては、あまり具体的なイメージが湧いてきません。

前ページの図のロゴは日本人がよく知っているブランドばかりですが、世界のブランドのロゴを見たときには、読者のみなさんが反応できないものもたくさんあるはずです。

なぜかといえば、**そのプロダクトの便益と独自性を知らないから**です。ロゴだけ見せられても、購買意欲は湧きませんし、意味を感じないのです。

たとえば、上の図は南アフリカ共和国の有名ブランドです。電話会社や銀行、ビールなどの飲料メーカー、燃料会社などさまざまですが、南アフ

マクドナルドのロゴとロシアの新生“マクドナルド”のロゴ

リカではよく認知されているロゴです。

でも、日本に住んでいる私たちが見ても、何の会社だかよくわからないのではないでしょうか。

南アフリカの方々はきっとこれらを見たら、ビールが飲みたいなどの反応が出てくると思いますが、少なくとも私は何も感じません。

1つのデザインとして見たときには、格好いいものもあるかもしれません。ただ、便益と独自性を体験していないものや価値の評価をしていないもののロゴだけを見せられても、何の反応も湧いてこないのです。

また、右上にあるのはロシアの〝新生マクドナルド〟のロゴマークです。

ロシアによるウクライナ軍事侵攻を受け、ロシア市場から撤退したマクドナルドを買い取ったロシアの実業家が、2022年6月にブランドを一新してはじめたハンバーガー店「フクースナ・イ・トーチカ」(「おいしい。ただそれだけ」という意味の店名)です。フライドポテトやハンバーガーはそのまま販売するそうですが、店名やロゴマーク、店舗のデザインを一新してオープンしています。

ただ私たちにしてみれば、見慣れたマクドナルドのMのマークと違って、この新しいマークからは何も想起できませんよね。

《ブランドは「価値の再評価」という体験があってこそ》

そもそもブランドに対するイメージというのは、お客さまにとっての便益や独自性を感じた商品を実際に使ってみて、「価値の再評価」という一連の体験があってこそ形成されるものです。

そして、その後にブランド名やロゴ、デザインなどのブランディング要素に接することで、以前体験した価値がよみがえるのです。

プロダクトが提供する便益と独自性があり、それをお客さまが価値として評価したときにはじめて「買いたい」「手に入れたい」と思うのです。それをお客さまの記憶に鮮明に残すために、ロゴやブランド名、デザインなどのブランディングの要素があるわけです。

ですから、まずはプロダクトの価値をお客さまに感じてもらえるかどうかが重要であって、いくらおしゃれなロゴをつくっても、ロゴだけでは便益をイメージできないため購買には結び付きません。

ただし、例外があります。ラグジュアリーブランドやハイブランドなど、見え方やスタイルがそのまま便益になるカテゴリーは別です。

ラグジュアリーやハイブランドなど、デザインの秀逸さや先進性、豪華さといった、それを身にまとうことや手にすること自体が便益になっているブランドは、ロゴのデザインを含めたクリエイティビティやアート性が評価されます。でも、そうではないブランドでは、デザイン性やアート性だけを追い求めても、便益とひも付いていなければ、意味がないということです。

そもそもブランディングというのは、お客さまの満足感の「結果」として生まれるものであって、それ自体がお客さまの満足感を生みだすものではありません。マーケティングをわかりにくくした要因の1つに、この「ブランディング」の定義のあいまいさと誤解があると考えています。

《「ブランド力が高い」とはどういうことか》

「多くの人がそのプロダクトを知っている」だけでは、ブランディングがうまくいったとはいえません。

どういう便益とどういう独自性があるかということが伝わってはじめて、それに価値を感じる人たちが出てきて「それなら、お金を払って手に入れたい」と思ってもらえるわけです。

ですから、**ブランド力が高い状態というのは、そのブランドによって、最初からある一定の価値を感じてもらえる**ということです。

たとえば、「トヨタのレクサスから出た新シリーズ」といわれたら、レクサスという名前が、ある程度の価値を持った車を期待させてくれます。

これはとくに高級ブランドに限った話ではなく、一般的なブランドでも同様です。「マクドナルドから新しくホットドッグを発売します」といわれたら、いつものハンバーガーとは違うけれど、ある程度の価値を期待する人が多いのではないでしょうか。なぜならマクドナルドに対しては、すでに一定の価値ができあがっているからです。それが、「ブランド力が高い」という状態です。

ただし、有名企業のプロダクトだからといって必ず売れるわけではありません。知名度や認知度のある会社は、新しい提案をしたらお客さまに注目してもらえる可能性は高くなりますが、そもそもプロダクトに具体的な便益と独自性が想起できなければ、お客さまにとっての価値はありません。

たとえば、Appleが自動車をつくって売りだしたとします。Apple社製の車って、ちょっとよさそうですよね。これは売れるかもしれません。

では、Appleが衣料用洗剤を出したら、どうでしょうか。それはどんな洗剤なのか、なぜAppleが洗剤を出すのか、まったくわかりませんよね。

車であればiPhoneの延長線上で考えて、なんとなく便益や独自性があるかもしれないですが、洗剤とApple社の既存の製品はまったくつながらないため、便益や独自性が想像できません。結局、「よくわからない」という話になってしまいます。

知名度や認知度があることで新しい提案をしたときに注目してくれる人は多くても、そこに便益と独自性が想起できなければ、やはり購買には結び付かないのです。

このような点では、一般消費者からあまり知られていない中小企業は、最初からお客さまに何かしらのイメージを持っていただくことができません。「あの○○社が出す商品」が通用しないということです。

そうであるなら、**中小企業はブランディングではなくプロダクトそのものの便益と独自性を際立たせることが何よりも大事**だということになります。

逆にいうと、ブランド力があるといわれている企業が出すプロダクトは、便益と独自性がそれほどはっきりしていなくても、それなりに売れてしまうことも多いです。

しかし、ブランド名が際立っていない中小企業は、最初からお客さまに期待してもらえませんし、むしろマイナスから入るときもあります。そうした企業が勝ち残っていくためには、プロダクトの便益と独自性を磨き上げる必要があるということです。

《都合のいいところだけを切り取っても、ブランディングはうまくいかない》

このように、「ブランディング」とは、どんな便益と独自性があるかがお客さまに伝わってはじめてできるものであり、ある意味では「結果」の産物といえます。

たとえば、スターバックスコーヒーの「くつろげる場所」というイメージも創業当初からあったわけではなく、スターバックスがお客さまの反応を見ながら少しずつつくっていったものです。

巷には、スターバックスのようにソファーを置いて店内を落ち着いた空間にしたり、スタッフにフレンドリーな接客をさせたりすればサードプレイスができる、それがブランディングだと語っている専門家もいますが、そんな単純なものではありません。

スターバックスの成り立ちを考えてみると、そのことがよくわかります。

スターバックスは、もともとコーヒー豆を焙煎《ばいせん》して販売するビジネスでした。その後、ハワード・シュルツさんという人が、豆の販売だけではなく、カフェもはじめることを提案します。シュルツさんは仕事でイタリアに行ったときにエスプレッソのスタンディングバーで楽しそうにおしゃべりをしながらコーヒーを飲む人たちを見て、スターバックスでもこうした事業を展開しようとしたのです。

そのため、スターバックスも最初はスタンディングで、ソファーもないし、落ち着ける店でもなかったわけです。

そして、それまで薄いコーヒーが主流だったアメリカでは、スターバックスの深煎《い》りした濃いコーヒーがおいしいと評判になります。しかし会社としては、やはり豆の販売を主体にしたかったため、シュルツさんはスターバックスを辞めてエスプレッソ系のコーヒーを提供する別の店をはじめます。そこでもまだスタンディングで、テイクアウトが主体でした。

これが若い人々に受け入れられ、シュルツさんは次々と店舗をオープンしていきます。さらにスターバックスの商標登録を買い取り、スターバックスのブランドで店舗を拡大していったのです。

スターバックスのコーヒーの特徴は、顧客のオーダーを聞いてから豆を挽き、エスプレッソ方式で抽出して提供するというところです。ただし、そのほうが味はよくなりますが、お客さまを待たせることになります。そして、その時間をただ待たせているだけでは、お客さまは退屈してしまいます。

そこでスターバックスは、その待ち時間を快適にすごしてもらえる方法を考えました。店内を広くして、ソファーなどを置いて落ち着いた空間にするとか、テラス席を設ける、テイクアウト用のカップにお客さまの名前を書いて親しみを表現する、サードプレイスという概念をスタッフに持たせるなど、この空間にいること自体が快適だと感じてもらえるような店づくりを目指したわけです。

何かをただ待つ時間は苦痛になることもありますが、コーヒー豆を挽くよい香りも、そうしたストレスをやわらげてくれます。

こうしたさまざまな施策の結果として、スターバックスの店舗はお客さまにとって落ち着ける場所になっていきました。コーヒーのおいしさと居心地のよさを楽しむ一連の体験は最初からあったわけではなく、お客さまの価値を求め、時間をかけて磨き上げていったのです。

また、スターバックスはオフィス街を中心に店舗を構え、ビジネスパーソンにホッと落ち着ける場所を提供しています。

さらにアメリカではバーンズ＆ノーブル、日本では蔦屋書店と提携して書店の中に店舗を出し、多くの店舗では無料Wi-Fiを導入してパソコンやスマホがインターネットにつながりやすいようにしています。

このようにスターバックスはいろいろな施策を行っていくなかで、お客さまにとっての価値が高まる方法を考え抜いた結果、今に行き着いたわけです。

つまり、スターバックスが成功した理由は、お客さまの反応を見ながら**「何がお客さまにとって価値になり得るか」**を考え続けてきたことです。

さまざまな変化をしながら、お客さまに対して自分たちがどのような価値を提供することでお金をいただけるかを常に試行錯誤し、継続的な利益を生みだすために、価値を高め続ける努力をしているということでしょう。

スターバックスは今後も進化し続けると思いますが、このような価値づくりの変遷《へんせん》を理解せずに、結果として成立しているブランディングの部分だけを切り取って、その真似をしても、同じようにうまくはいかないはずです。

それぞれの企業が「自分たちはどんな便益や独自性を提供できるのか」「それを価値と感じてくれるお客さまにどう伝えるのか」を考えなければ、ブランディングは成功しないということです。

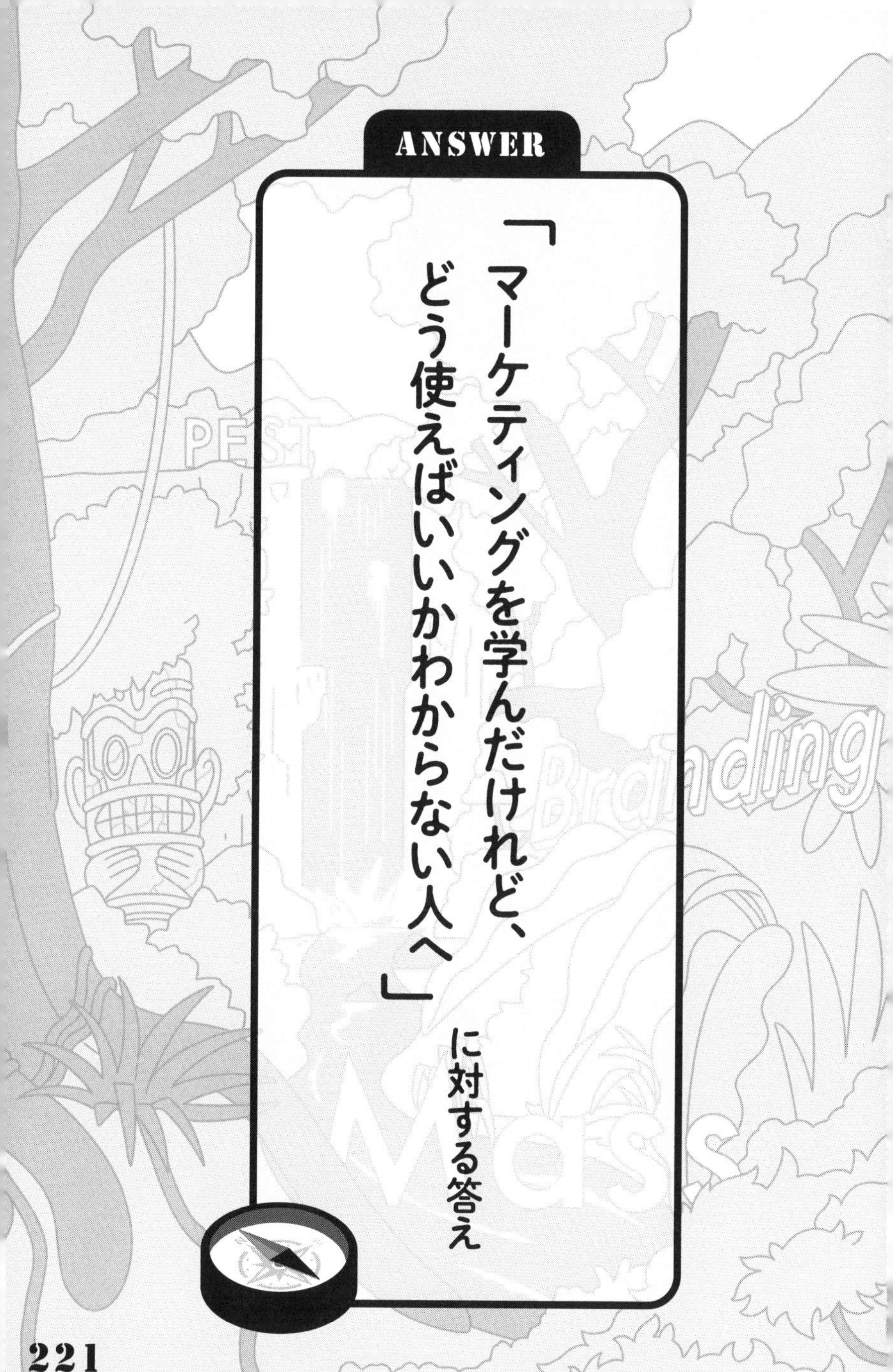

ANSWER

「マーケティングを学んだけれど、どう使えばいいかわからない人へ」に対する答え

本書のタイトル『マーケティングを学んだけれど、どう使えばいいかわからない人へ』に対する答えをまとめます。それは「マーケティングの樹海」で迷わないためのコンパスと地図です。

☑「樹海」に迷わないためのコンパスとは、どんなお客さまにどんな便益と独自性を提供して価値をつくるか、すなわち「WHOとWHATの価値関係の組み合わせ」です。

世にあふれるさまざまなマーケティング手法や手段（HOW）という樹海に迷う前に、みなさんのプロダクト（商品やサービス）にとって重要なWHOとWHATを定義すれば、それが樹海を歩くコンパスとなるのです。それなしに、どんな最新のHOWを学んでも「樹海」で迷うことになります。

あなたのプロダクトで世の中に大きな価値をつくることが目的であるならば、そのために必要な「戦略」は、このコンパスそのものであり、「顧客戦略」＝「WHOとWHAT」と呼べるかと思います。

☑そして、そのコンパスを使ってさまざまなＨＯＷを実践するためのシンプルな地図をお渡しします。「あなたのプロダクトにとって何が機会なのか？」「何が課題なのか？」「何をすればいいのか？」「手をつけようとしているＨＯＷ（手法や手段）は、どのようなお客さまに、どんな意味があるのか？」。それらの確認ができる必要十分かつ最小限の地図（ストラテジーマップ）です。

「ストラテジーマップ（戦略地図）」の解説

①すべての起点はコンパスとなる「ＷＨＯとＷＨＡＴ」、すなわち、「どんな価値を広げたいか？」。既存のプロダクトであれば、「お客さまが価値を見いだしている便益と独自性は何か」「そのお客さまの特徴は何か」です。新規のプロダクトであれば、あなたの期待や仮説ではじまります。その組み合わせは1つからはじまり、必ず複数成立していきます。仮に3種のＷＨＯとＷＨＡＴで見ていきましょう。

「マーケティングの樹海」に迷わないための

ストラテジーマップ（戦略地図）

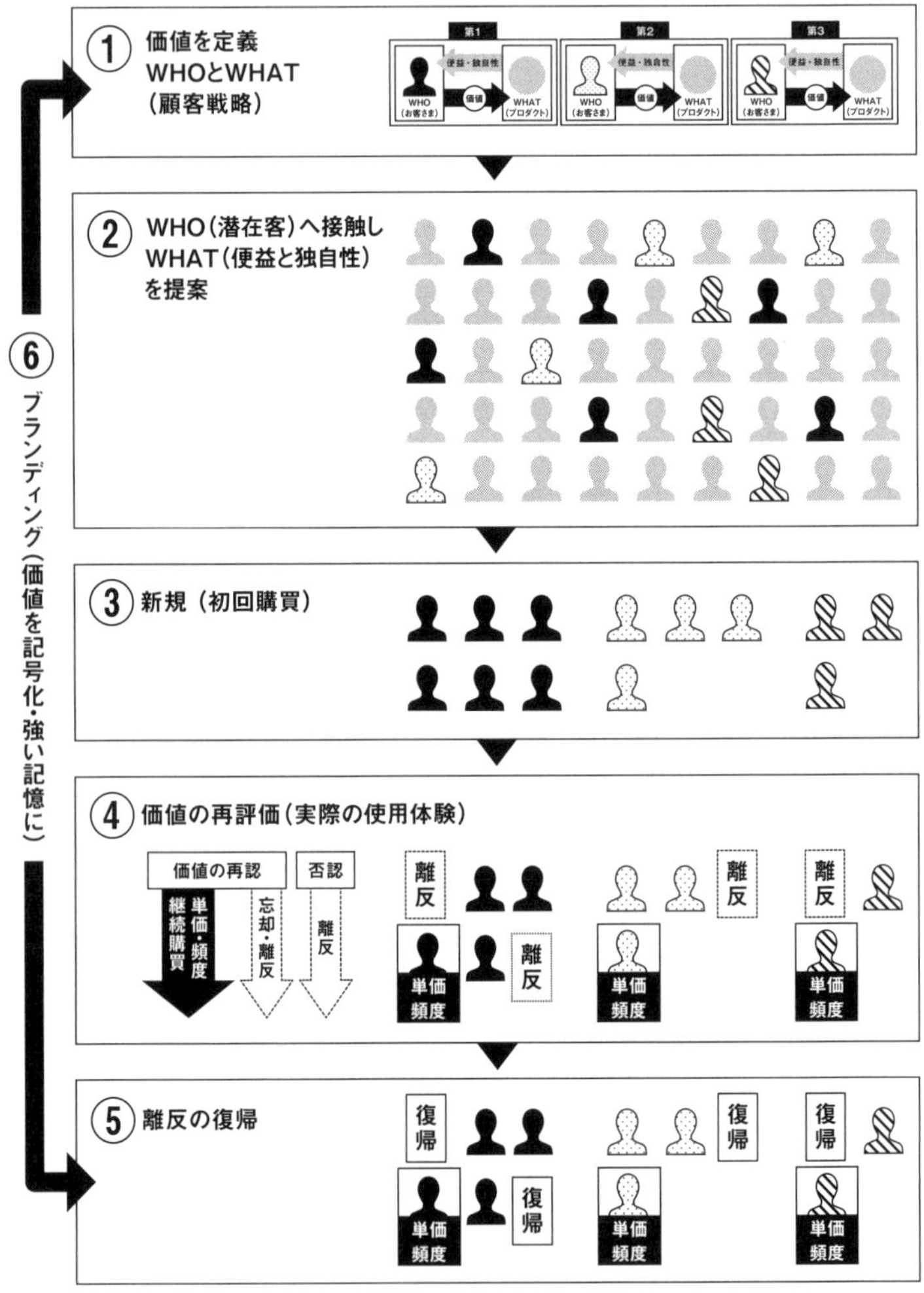

②「ＷＨＯとＷＨＡＴ（顧客戦略）」が定義できれば、「そのＷＨＯと同様な特徴やニーズを持つ潜在顧客がどこにいるのか？」「どこで接触できるのか？」を考え、さまざまな接触方法やメディアを駆使し、さまざまな訴求方法やクリエイティブ表現を使って、価値を見いだすＷＨＡＴ（便益と独自性）を伝え、体験していただきます。ＨＯＷを駆使して「ＷＨＯとＷＨＡＴ」を実現していくのです。

③そして、はじめての購買、すなわち、「ＷＨＯとＷＨＡＴ」が実現します。②から③へのＨＯＷのコスト効率が重要になります。いかに効率よく潜在的なお客さまの居場所を特定し、接触し、魅力的にＷＨＡＴを訴求して、お客さまになっていただくか。ＢtoＢであれば、この②と③でリード獲得、ナーチャリング（見込みのお客さまを〝お客さま〟にする）、商談などのプロセスが入ってきますが、「ＷＨＯとＷＨＡＴ」の関係は同じです。

④「顧客戦略（ＷＨＯとＷＨＡＴ）」が成立した初回購買のあとは、お客さまは価値の再評価をされます。実際にプロダクトを入手し使用し体験し、それは期待通り

の便益と独自性であったのか、また、期待はしていなかった便益と独自性に価値を見いだされたかもしれませんし、これまで視野に入っていなかった競合品や代替品と比較されるかもしれません。実際に使用した段階で、想定外で見つかった便益と独自性は、新たな「WHOとWHAT（顧客戦略）」として可能性を検討しましょう。現在の「WHOとWHAT（顧客戦略）」よりも大きな可能性が見つかるかもしれません。

a．再評価を経て、期待通りの価値を再認、もしくは、予期していなかった価値を見いだすことで、お客さまは継続購買されます。価値の評価が高ければ、お客さまは、より多く、より高頻度で購入されるようになり、単価や頻度が上昇します。もしくは、関連するプロダクトを追加購入されることで単価が上がることもあります。いわゆる「ロイヤル客」になるのです。

b．しかし、残念ながら、この再評価で否認されるとお客さまは競合や代替品に移動し離反します。プロダクトが属しているカテゴリー自体から離れてしまうこともありえます。また、購入単価や頻度が上がっていたロイヤルなお客さまからも離反されるお客さまも出てきます。価値を認めていただいても、価値の再評価は永遠に行われるのです。

c．ここで、異なる離反も視界に入れなければなりません。価値を再認しながらも、プロダクトを忘却してしまうことで、購入意思がありながらも、なんとなく離反されるお客さまです。お客さまがどんなにプロダクトの便益と独自性に価値を見いだされても、それが記憶として強く残らないと離反していくのです。どのようなカテゴリーでも、このような忘却離反は必ず起こるのです。

⑤

④で離反されたお客さまをそのままにせず、離反されたお客さまが価値を見いだしてくださる新たな便益と独自性を見つけだす。もしくは、その便益と独自性を提供するためにプロダクトを改良や強化または新たに開発し、新しい「WHOとWHAT」の実現で、離反したお客さまに復帰していただきます。①の「WHOとWHAT」に対して、この新しい「WHOとWHAT」は「潜在的なお客さま

はどれくらいいるのか」「投資効率がよいのか」などを検討しながら、「ストラテジーマップ」全体で優先すべき「ＷＨＯとＷＨＡＴ」とその実現のＨＯＷを再検討し続けます。

⑥ そして、①から⑤で実現する価値を強固にするのがブランディングです。ブランディング自体で新たな便益と独自性の構築をめざすのではなく、お客さまに価値として認めていただいた便益と独自性とプロダクトの関係を強い記憶として残すのです。想起される可能性を強化し、継続的な購買を促進し、忘却離反を防ぐことが目的です。価値をブランド名、ロゴ、色、形、言葉などの象徴として記号化し、強く記憶に残していただくのです。

永遠に広がり続けるマーケティングという樹海は、多くの枝葉を取り除くと、１枚の「ストラテジーマップ」に収まりました。

永遠に増え続けるマーケティングの手段や手法（ＨＯＷ）は、この「ストラテジーマップ」内のＷＨＯ（お客さま）とＷＨＡＴ（便益と独自性）の実現、そして①から

⑥のどこかに必ずひも付きます。それがどこかわからなければ、そのＨＯＷの実行は思いとどまってください。ＨＯＷには必ず目的があり、その目的は、必ず特定のＷＨＯとＷＨＡＴに結び付くのです。この地図を手元に置いて、現在地を確認することで、樹海を自信を持って抜けだし、ビジネスの世界を旅することができます。

やるべきことは、出発点である価値を成立させる「ＷＨＯとＷＨＡＴの価値関係の組み合わせ」を定義し、この地図を見ながら、価値を実現するさまざまなＨＯＷの効果と効率を検証し、ＷＨＯとＷＨＡＴとＨＯＷをＰＤＣＡサイクルを回しながら継続すればよいのです。

☑ 第1章で紹介した「マーケティング・プロセス」を機能させるには何が必要か、についてもご理解いただけたかと思います。それは、「価値＝ＷＨＯ（お客さま）とＷＨＡＴ（便益と独自性）の組み合わせ」「売上＝ＷＨＯ（お客さま）の人数×購買頻度×購買単価」という2つの軸です。ぜひ、この「ストラテジーマップ」を手に、マーケティングプロセスを機能させ、マーケティングを実践し、新たな価値をつくり上げてください。

マーケティング・プロセスを機能させる2つの軸

調査・分析
・3C分析
・SWOT分析
・ファイブフォース分析
・バリューチェーン分析
・PEST分析
・市場調査
・競合分析
・行動データ分析
☑ さまざまな調査
☑ さまざまなデータ
STP（戦略）
・Segmentation（セグメンテーション）市場の細分化
・Targeting（ターゲティング）どの市場を狙うか
・Positioning（ポジショニング）自社の立ち位置
4P（戦術）
・Product（プロダクト）
・Place（プレイス）
・Price（プライス）
・Promotion（プロモーション）
☑ HOW：さまざまな販路・メディア・コミュニケーション・販売促進の手法
実行・管理と振り返り
・目標・KGI・KPI
・PL（損益計算書）・BS（貸借対照表）
・LTV（ライフタイムバリュー）
・投資対効果
・キャッシュフロー
振り返り PDCAサイクル
2つの軸
価値＝WHO（お客さま）＆WHAT（便益と独自性）の組み合わせ
売上＝WHO（お客さま）の人数×購買頻度×購買単価

MARKETING

第6章

ADVENTURE

マーケティングで継続的に「価値」を高め続ける

——企業も人も、価値を生みだすことで成長し続ける

MARKETING ADVENTURE

継続的に価値を生みだすためには？

《企業が生き残るためには「継続的な価値の創造」が必要》

企業が生き残るうえで大事なことは、「継続的な価値の創造」です。

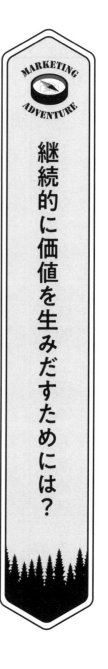

企業というのは、継続的に利益を上げ続けなければいけません。継続的な利益を上げるためには、お客さまがプロダクトに高い価値を見いだし続ける必要があります。そのため、企業は一過性ではなく、継続的に価値をつくり続けなければなりません。

たとえば、去年売れた商品があっても、その訴求や宣伝方法などを今年もそのまま続けるのはリスクともいえます。なぜなら、いくら去年売れたとしてもその価値はお客さまにとって、もはや当たり前のものになっているかもしれず、競合商品や代替商品も出てきているからです。つまり、相対的な価値は下がっていきます。

このままでは売上は減っていくでしょうから、価値が下がらないように商品を改良したり、機能を追加したり、または違うサービスやプロダクトを提供したりして、新しい価値をつくり続けることを意識しなければならないのです。


先述したソニーも価値をつくり続けている好例でしょう。ソニーは創業以来、中古ラジオの修理のほか、炊飯器、真空管電圧計、テープレコーダー、ウォークマン、その後もゲーム機器、オーディオ・ビジュアル機器など、いろいろな製品の開発や販売を手がけてきました。

では、現在もっとも利益が出ているものは何かというと、映画と音楽です。2022年5月の決算発表によると、映画分野と音楽分野が大幅増収となり、売上高と営業利益が過去最高になっています。

ソニーは創業初期に中古ラジオの修理で成功しましたが、その後は、ほかにもラジオの修理業者がたくさん出てきます。また、ラジオの新商品も安い値段で次々と出てきたはずです。

そのため、ソニーがラジオの修理でつくり上げた価値は減っていきます。そこでラジオの修理に固執していたら、現在のソニーはありませんでした。

ソニーは次に炊飯器を出しますが、それは失敗に終わります。その次にはテープレコーダーで大成功します。そうした試行錯誤を繰り返すなかで、ソニーは常に新しい価値と新しいお客さまを創造し続け、継続的な利益を得てきたのです。

一度成功したからといっても、同じことをずっと続けていたら、その価値は薄れていく可能性が高いのです。新しい価値づくりに挑戦し続けることで、継続的な利益が得られます。

《「売れる仕組みづくり」ではなく「継続的に価値を生みだすこと」》

ここで、あらためてマーケティングの目的を確認してみましょう。

マーケティングの究極の目的は「継続的に価値を生みだすこと」です。

価値を生みだす可能性のある商品・サービス・体験などのプロダクトを生みだし、

それを提供することで、価値を見いだしていただけるお客さまを見つけだす。さらに、その価値を高め続けることによって継続的な利益をもたらし、それを再投資して新しい価値を創造する。このループをつくるのです。マーケティングはそのために必要なことすべてをやる、と考えるとわかりやすいのではないでしょうか。

マーケティングの目的は価値をつくること。そして価値を見いだすお客さまを創造すること。結果として、企業や組織は継続的な利益を手にすることができるのです。

「マーケティングとは、モノが売れる仕組みづくりである」という人がいます。しかし、私はやはりマーケティングとは仕組みやプロセスではなく、「価値の創造そのもの」と、とらえたほうがいいのではないかと考えています。

売れる仕組みをつくることを目的にしてしまうと、「バズる仕組みをつくるためには、インフルエンサーにインスタをがんがん上げてもらえばいい」といったような発想になりがちです。これは「お客さま」不在の状態です。

プロダクトの価値とそれを求めるお客さまの関係性を無視して売ることだけを考えたら、マーケティングという名のもとに、お客さまを欺《あざむ》く方向に向かってしまいます。

また、「売れる仕組みづくり」というとらえ方をしていると、手段ばかりに目がいき、「何のためにマーケティングをしているのか」が見えなくなり、場合によっては、お客さまに不便益（便益の逆の効果を発生させている状態）が生じるようなプロダクトでも売り続ける、つまり「資源破壊」にしかなりません。

マーケティングを「継続的な価値づくり」ととらえ、お客さまの声に耳を傾ける姿勢を大事にすることで、社会に新しい価値をつくりだすことができ、そこに企業の存在意義もあるのです。

本当に優れた広告とは？

《陥ってはならないマーケティングの「ダークサイド」》

さまざまなプロダクトのマーケティングに携わるなか、「よい広告って、どんなものですか？」と聞かれることがあります。非常に難しい質問ですが、それに答える前に、反対の「ダメな広告」について考えてみましょう。

それは、消費者を欺く広告です。マーケティングには**「ダークサイド（暗黒面）」**があるのです。

まず、先述したようにプロダクトアイデアというのは、その商品自体が提供し得る便益と独自性のことで、それらをどのようにお客さまに伝えるかというのがコミュニケーションアイデアです。

キャッチコピーをつくったり、見せ方や、伝え方を考えたりするわけですが、プロダクトが提供しえないものまで提供できるかのようにコミュニケーションアイデアを工夫して（操作して）伝えようとするのが、マーケティングのダークサイドです。


たとえば、広告と実際の商品が違うケースもそれにあたります。

実際に店頭で商品を見て「がっかりした」という感想を持つお客さまもいます。

もちろん、提供する側からしてみれば、お客さまをがっかりさせたいと思って広告をつくっているわけではないでしょう。ぜひ買っていただきたい、食べていただきたいという思いでつくっているはずです。

ただ、期待していたものと実際の商品があまりにも違う場合は、お客さまによる「価値の再評価」が行われ、その結果として離れていく人もいます。

「いや、それでもやはり商品自体はいいから買い続ける」というように、そもそもプロダクトの提供している便益が強力であれば、継続して購入してくれるお客さまもいます。広告に関しては多少がっかりしたけれども、購入し続けるという人もいるかもしれません。

そのあたりの判断基準は難しいですが、やはり企業としては、プロダクトアイデアとコミュニケーションアイデアの間にあるダークサイドに落ちないよう、高いモラルを持ち続ける必要があります。


インターネット上の広告などを見ていると、まさにダークサイドではないかと思うものもたくさんあります。

たとえば、美容系のプロダクトでよくあるのが、「美容液を塗っただけで、20歳若返って見える！」といったような広告です。推定50代の女性がそのプロダクトを使用したことで一気に若返り、まるで20代に見える写真を並べている広告などもよくありますが、合理的には考えられない変化であり、信頼に足るものとはいえません。

ダイエットのサプリメントの広告などでも、使用前と使用後の写真の縦横比率を明らかに変えているものも見られます。

某飲食チェーン店が、ある特定商品の販売を告知する広告を出しながら、実際には売り切れ続出で販売できなかったために、おとり広告といわれ、「景品表示法違反」

で措置命令を受けたこともありました。企業広告に対して消費者庁や広告審査機構が厳しくチェックをしたり、是正勧告を出して指導したりする理由は、消費者の価値を守るためです。

このように、マーケティングにはお客さまに対する倫理観やモラルが強く求められているのです。

《「ダークサイド」と「過小評価」のジレンマ》

それにしても、なぜこうしたマーケティングのダークサイドが生まれるのでしょうか。

企業はブランド名やロゴ、パッケージ、キャッチコピー、パンフレット、広告、PR、SNSなどお客さまに対するコミュニケーションアイデアを通して、プロダクトの持ち得る便益と独自性を訴求していきます。

その段階で、訴求する内容が実際のプロダクトの価値よりも大きくなれば、お客さまの「過剰期待」を生んでしまいます。

過剰期待を生めば、とりあえず1回はプロダクトは売れる可能性がありますが、一過性の売上で終わる可能性も高くなります。

一方、実際のプロダクトが提供できる便益と独自性よりも訴求する内容が弱い場合は、「過小評価」になります。そうすると、「潜在的な売上の未実現」が起こります。もっと売れるはずなのに売れないということになってしまうのです。

こうしたジレンマの間で、マーケティングに関わる人は悩みます。

企業にとっては、過剰期待をさせてしまうか過小評価されてしまうかというジレンマの間で、一過性の売上ではなく、継続性のあるかたちでプロダクトが提供する便益と独自性をきちんと訴求していくことが重要になってきます。

世の中には、こうしたダークサイドをクリアしてプロダクトの価値をさらに高めている事例もたくさんあります。

中でも私が素晴らしいと思うのは、2008年にAppleが「世界最薄のノートブック」としてMacBook Airを発売した際のスティーブ・ジョブズのプレゼンテーションです。

薄くて軽量なノートブックをプレゼンするため、壇上でジョブズが書類用の封筒を取り上げて中からMacBook Airを取りだすと、会場は大盛り上がりに。当時のノートパソコンは分厚かったため、封筒に入るということに、そこにいる全員がびっくりしたのです。

このジョブズのパフォーマンスは、プロダクトがどれほど優秀かをわざわざ言葉にしなくても、見ているだけでその便益と独自性が伝わるものでした。言葉がいらないので、世界中の人にも伝わります。

しかも、嘘や過剰なことはいっさいいっていません。非常に秀逸なプロダクトとそのコミュニケーションアイデアだったといえるでしょう。

マーケティングを使って成果を出すには？

≪理想はビジネスに関わる全員がマーケティングをしていること≫

ここまで、マーケティングというのは「継続的な価値づくり」という話をしてきました。お客さま（WHO）は誰で、そのお客さまが価値を見いだすプロダクト（WHAT）の便益と独自性は何か。この「WHOとWHATの組み合わせ」を見つけて実現し、それを拡大していくことがマーケティングのすべてだと。

つまり、**誰かのために、何らかの価値を生みだして提供する。**

考えてみれば、私たちの仕事はすべてこうしたマーケティング的な要素で成り立っているといえます。

総務でも、経理でも、企画でも、法務でも、どの部門でも、誰かのために何らかの価値を生みだそうとしています。常にWHOとWHATがあり、そのための手法としてHOWがあるのです。

ですから、営業部門やマーケティング部門以外でも、ビジネスに関わる人は全員マーケティングをしている、ととらえることもできます。

《人間は誰かに何かを提供し、価値をつくることで仕事をしている》

マーケティング担当者でなくても、価値とは何かを理解し、生みだし続けることが重要なのです。

ビジネスに関わる全員がマーケティングを知っておいたほうがいいと私は考えています。

これは、NPOなどの非営利団体の活動やボランティア活動でも同様です。

善意でやっている活動でも、価値をつくるためには、求められているニーズに対して少なくとも提供できる便益があることが大事です。もしくは、相手の潜在的なニーズを汲み取って便益を提供し、その便益に対して「ありがたい。これからもぜひお願いしたい」と価値を見いだしてくれる人がいることです。

そこに、対価としてお金をいただくのか、いただかないのかという違いがあるだけです。

もしもそこで、誰かから「押しつけがましい」とか「迷惑」などと思われるとしたら、相手のニーズをきちんとつかめていないということでしょう。

たとえば、ボランティアで近所のゴミ掃除をするのも価値を生みだしています。

その場合のお客さま（WHO）は、そこを歩く人々や近所の住民たちです。プロダクトの便益と独自性（WHAT）は、「いつもはゴミが落ちて汚かったけれど、今日はゴミが落ちていないから気持ちがいいな」というのがそうです。その価値をつくりだすために行う、出勤前や通学前の掃除が（HOW）です。

お金というかたちでの対価はありませんが、道をきれいにしたことによって、その道を利用する人たちの気分がよくなり、前向きな気持ちになったり、精神的に落ち着いたりします。あなたが掃除をしたことを誰かに気づいてもらえたら、「ありがとう」という言葉をかけてもらえるかもしれません。

人から感謝されることで、自分は人の役に立っているという充実感を得られますから、感謝の言葉によって精神的な対価を分け与えてもらっていると考えることもできます。

もちろん、こうした感じ方は人によって違いがあるため一概にはいえませんが、無償による行為であっても、基本的にWHOとWHATとHOWの構図は変わりません。どんなときも、WHOとWHATとHOWをきちんと分解してとらえることは、ビジネスやすべての活動にとって大切です。

《すべては「お客さま」に軸足を置くことから》

「誰かのために価値をつくりだす」ことがマーケティングの目的である限り、**マーケティングの核となるスキルとは「お客さまの気持ちになりきって、お客さまにとって**

どういうものが価値になり得るかを想像する力ではないかと思います。

言い換えれば、「お客さまがお金や時間、体力、脳力を差しだしてでも手に入れたい便益と独自性はどんなものがあるか」ということをお客さま自身として想像する力です。

それは**「お客さまの洞察」**と言い換えることもでき、お客さまを対象物として見るのではなく、その人になりきって想像することが大事です。

それゆえ、人間に興味がある人がマーケターには向いています。

中には、人間よりもお金に興味がある人もいます。お金に興味があるのは悪いこととは思いませんが、お金を儲けることを目的にしていると、お客さまが価値を感じているかどうか、もしくは、それが一過性なのか継続性があるものなのかということに気づきにくくなります。

競合が出てきたときも、こちらのプロダクトの相対的な価値が下がっていることに気づけなくなるのです。

それに見ているものが「儲かっているかどうか」だけになると、その行き着く先は

「何がなんでも売ってこい」、あるいは「今月は売上目標プラス20％」というような姿勢です。

社長や販売責任者、ブランドマネージャーなどがいいはじめると、部下はその指示を遂行することを目的化して、お客さまを深く理解しようとしなくなり、結果的にその企業はお客さまからどんどん離れていくことになります。

お客さまから離れるというのは、自分たちが、誰に、どんな価値を実現して、誰から利益を得ているかわからなくなるということです。

企業は、自分たちがどんなお客さまにどんな価値を提供して利益を得るのかを、お客さまの心理や行動を見ながら考え続けることが大切にもかかわらず、それができなくなってしまう。今は利益が出ていたとしても、状況が変化すれば売れなくなり、打開策も打ちだせない可能性が高くなるのです。

これまで多くの天才マーケターといわれるような方々にお会いしてきましたが、そうした人たちに共通しているのは、**「何をやったらお客さまに喜んでもらえるか」ということを必死に考え続けている**ということです。

つまり、常にお客さまを起点に考えているのです。そしてどんなプロダクトでも、最終的にはお客さまが評価してくれなければいけないと信じ、それを真摯に求めている人が成功しています。

そして、もう1ついえるのは、**天才マーケターといわれる人たちも、たくさん失敗している**ということです。マーケティングにおいて百発百中で成功している人はいません。

どんな便益と独自性を提供すれば価値がつくれるか、誰が価値を見いだしてくれるかを考え続け、試行錯誤し続ける人が継続的な成果を出しています。

生まれつきの天才マーケターはいないけれど、お客さまと向き合い続けている人が結果として成功し「天才」と呼ばれているということです。

《価値を創造するスキルを鍛える「なぜ買うのか」のシミュレーション》

では、マーケティングにおいて不可欠な**「お客さまにとっての価値を想像する力」**は、どうしたら身につくのか。

私は、**常にどこでもシミュレーションを重ねていくこと**が大事だと思っています。

たとえば、スーパーや小売店に行き、実際に商品を手に取って「誰がこれを買っているんだろう？」「どういう人がこの商品に高い価値を見いだすんだろう？」「それはどんな便益と独自性なんだろう？」と想像してみるのです。

私は、Amazonや楽天などのショッピングサイトもよくチェックしています。広告もよく見ています。街にある看板や駅のホームから見える広告、電車内の広告、タクシーの車内広告。新幹線に乗っていても、車窓から街の広告や線路沿いの広告をよく見ています。

中には、何の宣伝をしているのかよくわからない謎の広告もありますが、そういうものを見ながら、「この広告でいいのだろうか？　自分だったらどうするか？」「この広告によって誰がどんな価値を感じるのか？」などと、ずっと考え続けるのです。

ほかにも、日本経済新聞社の「ヒット商品番付」の上位商品やCM大賞に入賞したプロダクトなども見て、「どんな人が買っているのか？」を想像すると同時に、「昔の1位、2位は今年はどうなったか？」などを振り返ります。すると、過去に売れたプロダクトも高い確率で数年で消えていることに気づきます。

自分が関わっていない商品やサービスに関して、**自由に思考のシミュレーションをしていると、その商品やサービスとお客さまとの間に成立する便益と独自性には、どういうものがあり得るかを学ぶことができる**のです。

《生活に関わるあらゆることを「価値」から考えてみるトレーニング》

自分で買い物をしたときも、「なぜ、これを買ったのか?」を振り返ります。買い物をする際には常に論理的な理由が存在するとは限らず、好みや趣向、その日の気分といった感情的な理由、心理的な理由も存在すると思いますが、それでもやはり何かにひも付けされた理由があるのです。それは何なのか、同じような価値を感じる人はいるのだろうかと考えてみます。

さらに、24時間365日、自分がお金や時間、体力、脳力を消費しているものをほかのものに置き換えられないか考えてみるのも、いいシミュレーションになります。

たとえば、近年はガムの売上が大幅に落ちているといいます。日本チューインガム協会によると、２０２１年のガムの小売金額は７５５億円で、ピークだった２００４年の４割しかないそうです。その代わりに売上が伸びているのが、フリスクやミンティアなどのミントタブレットです。※日本チューインガム協会「チューインガムの生産量と販売額」
https://chewing-gum.jp

「口の中をスッキリさせる」という便益が同じなら、噛んだあとにゴミが出ず、そのまま飲み込める錠菓《じょうか》のほうがいいということでしょうか。フリスクやミンティアがガムに置き換わりつつあるといえるかもしれません（コロナ禍においては、これらすべてが、非常に厳しかったようですが）。

ほかにもそういう商品がないか、日常生活を振り返りながら考えてみるのです。

なぜ朝食でサラダを食べたのか、それはほかのものに置き換えられないか？

なぜテレビではなく、スマホの動画を見ているのか？

コロナ禍で売上の伸びそうなものは何か？　マスク生活のなかで、どんなプロダクトやサービスがあったら、みんなが快適にすごせるだろうか？

生活に関わるあらゆることを、何かに代替することが可能な「価値」はないか、という面で考えてみるのです。このようなことを楽しみながらシミュレーションしてみましょう。

《企業の歴史を調べると、時代とともに変わる「価値」が見えてくる》

お客さまに価値を提供し続けている企業やブランドの歴史を調べてみるのも、価値創造のヒントとなります。

「価値」というのは、時代とともに変わっていくものです。そのために企業は、時代に合わせて価値をつくりだしたり、付加価値を付けたり、違う商品をつくったり、新しいサービスをはじめたりしながら、事業やブランドを大きく育てていきます。

ですから、価値の創造に成功している企業の歴史を調べることによって、**「人は何に価値を感じるのか」**という変遷を垣間見ることができるのです。

これまで何度も出てきたソニーで考えてみましょう。ソニーは創業当初、ラジオの修理で成功しました。現在のソニーからは想像もつきませんよね。

でも、当時の時代背景を考えてみると、ラジオは機械の部品も高価だったため、簡単には修理できませんでした。すべてが貴重で大切に扱いたい気持ちを持つ方が多かったのです。そのように当時の情勢に思いを馳せると、お客さまの気持ちがわかるようになります。

ソニーの歴史をひも解いて、「昔、ラジオの修理をしていた」ということにとどまらず、「では、今の時代に修理してでも使いたいと思うものは何か」と考えてみる。

ひるがえって、今の時代はどうでしょうか？　今の日本でそういう修理に価値がありそうなものがないかと考えてみると、たとえば電気自動車（ＥＶ）が思い浮かびます。

ＥＶの整備には自動車整備士のほかに必要な国家資格はありませんから、街にある自動車修理工場の自動車整備士さんがＥＶを整備することは可能です。

しかし、ＥＶのシステムはガソリン車とは大きく異なっており、整備の際にはコンピュータを用います。整備士さんは普通のガソリン車のメンテナンスや整備のプロですが、EVを整備するためには、さらに電気系統に関する知識が必要になるのです。ですから、EVは修理が非常に難しいといわれています。

そのため、EVのユーザーは修理の際もディーラーに持って行くことが多くなっています。仮に電子チップもすべて解析して修理できる修理工場ができたら、EVのユーザーには大きな便益があるのではないでしょうか。そのうち、「うちの工場は、どんなEVもディーラーより安く早く修理します」という修理工場が出てくる可能性も高いと思います。

EVは高価なものですし、昔のラジオと同じように自分では直せません。ディーラーに持って行くと修理代もかかります。近くの修理工場で簡単に修理できたら、喜ぶ人は多いし、EVの普及にともなって今後も増えるだろうと想像できるのです。

このように、**企業の歴史をたどり、「なぜそのような価値が生じたのか」を理解することで、たとえ今の時代にそのまま再現することはできなくても、今の時代に合った「相似形」を見つけやすくなります。**違うプロダクトであっても、また違う対象のお客さまであっても、そこから多くのことを学ぶことができるのです。

人はどうしても目の前の「今、成功しているもの」に目がいきがちですが、過去からの歴史を振り返ることで、それとは違う視点が身につきます。

歴史を振り返り、人々はどういう価値を求め、何に価値を感じ、価値はどのように変化してきたのかを知ることによって、人間がこれから求める価値の創造につながっていくのです。

マーケティングを学ぶと、どんないいことがあるのか？

《継続的な価値づくりは、キャリアの形成にも役立つ》

最近は、マーケティング部門ではなくてもマーケティングに興味を持つ方が増えています。

先に、私はビジネスに関わる人は全員マーケティング活動をしていると書きましたが、さらに**マーケティングを突き詰めていくと、個人個人のキャリア形成の話につながっていきます。**

これはビジネスにおいてマーケティングを活用する話からは少し逸れますが、多くの人に関わることなので、最後に少しだけ触れたいと思います。

読者の中には、自分のキャリアをこれからどう磨いていけばいいのかと悩んでいる人もいるかもしれません。

そのようなとき、**「価値」と「お客さま」という観点から考えてみると、自分のやるべきことや進むべき道が見えてきます。**

社会で働くというのは、誰かに対してプラスになるような便益を提供し続けることです。その相手は会社かもしれませんし、個人のお客さまかもしれません。もしも今の自分は提供できる便益が弱いと感じるのであれば、自分が提供できる便益を見つけだして磨き上げていく必要があります。

また、同じような便益を提供できる人が多ければ競争が激化していきますから、「ほかには代えられない」と思われるような独自性も必要です。

自分は、何らかの価値を提供できているのだろうか？
誰かに「助かる」とか「うれしい」とか「ありがたい」と思われているだろ

うか？　それは誰だろうか？
ほかの人には提供できないものを生みだせているだろうか？

このような視点から、自分のやるべきことや今後の目標を考えてみるのです。

これから就職をする方も、手はじめに「マーケティングとは何か」を理解しておくと、ビジネスの本質についても理解しやすいと思います。

ビジネスは、マーケティングと同じように価値を見いだしてくれるお客さまを見つけなければ、対価は得られません。お客さまを見つけだすことによって企業活動というものは成り立っていますし、企業にいる人もそれによってお給料をもらっているわけです。

誰をお客さまとして、どんな便益と独自性を生みだせばいいのか。常にそれを考えることによって、より高い価値を生みだし、実績とスキルを積み上げていけるようになるはずです。

そして、個人のキャリアでも重要なのは、価値を創造し続けることです。

仕事で価値を創造し続けるためには、自ら必要な知識やスキルを習得していく必要がありますが、それだけでは十分ではありません。

知識やスキルというのは、いわばＨＯＷであり、時代や状況とともに変化していきます。新しい知識やスキルを身につけることによってビジネスの実力がつき、キャリアが磨かれていきますが、一度創造された価値も、お客さまが手にしたとたんに変わっていきます。お客さまが手にした瞬間から新しさが失われ、より新しい価値へのチャンスが出てくるのです。

そして、お客さま自身も変わり続けています。

「誰に、どんな価値をつくり得るのか」というＷＨＯとＷＨＡＴを考え続ける必要があるということです。

《価値の創造によって、人は「生きる意味」を見いだせる》

価値をつくることはキャリア形成だけでなく、仕事や人生の意義を見いだすことにもつながっていきます。

では、次のシーンを想像してみてください。

あなたは会社の上司から「ここに石を10個積んでください」という指示を受けたとします。石を積み終わると、その10個の石を元に戻すという指示を受けました。その次には、また石を10個積んでもらいます。その後は、また石を元に戻してもらいます。その作業を毎日繰り返したら、給料を2倍にするというのです。

もしもそんな指示を受けたら、どう感じますか？　たとえ給料が2倍になったとしても、ほとんどの人は精神的にまいってしまうのではないでしょうか。

「並べなさい」といわれたから並べ、何らかの価値をつくりだしたと思ったら、次は自分でそれを崩さなければならないのです。誰のためにもなっていないし、誰も喜びません。

地獄の手前の賽《さい》の河原で、親より早く亡くなった子どもが石を積んでいると鬼がやってきてそれを崩してしまうという悲しい話がありますが、この仕事はまさにそのようですよね。

なぜそう感じるかというと、自分のやっていることに、意味を見いだせないからです。自分が何の価値もつくりだしていないことがわかるからです。


基本的に、人間というのは何かの価値を生みだして誰かを幸せにする、誰かに評価してもらう、もしくは誰かに感謝されることによって充実感を感じる生き物です。それによって、自分の存在意義を感じ、生きる意味を見いだせるのです。

長い歴史を見ても、周囲の人々に便益と独自性という価値を与えて信頼関係を築くことによって、人は食糧を手に入れ、安全を手に入れてきました。

家族と仲よく暮らすことや信頼できる友人をつくること、他人を助けることなども、じつは「価値の創造」をしているといえます。

たとえば、「あなたと話していると、何だかホッとするよ」といわれたら、あなたはその人に価値を提供しているということです。

周囲に価値を提供している人は、困ったときに助けてもらえることもあるでしょう。人は、他人に対して価値をつくりだすことで、自分が存在する意味を見いだすのです。

その反対に、自分は何の価値も生みだせていないと自覚したとき、人は絶望を感じます。

人と関わりを絶って孤独を感じている人の精神状態が悪くなっていくのは、自分の存在理由が見いだせないからではないでしょうか。

人は誰かに価値を感じてもらうことで、自分が存在する意味を見いだせるのです。誰かの役に立っていることが見えるからこそがんばれるし、モチベーションも上がります。

仕事で「クサる」のは、こうした価値創造への貢献が見えないときです。

人の役に立つとは思えない商品を売っていて、売上も上がらなければ、当然、誰も喜んでくれない。そんな状態ではモチベーションを上げるのも難しくなります。

誰からも喜ばれず、誰からも感謝されない生活を続けていたら、やる気など出てきませんよね。

その反対に、「この商品、すごくよかったよ。ありがとう」というお客さまのひと言で、やる気は一気に上がります。

お客さまがいて、そのお客さまたちが自分たちのプロダクトに価値を感じてくれていると確信できるというのは、働くうえで非常に重要なことなのです。

人は「自分が価値をつくりだせる存在である」ということを自分で感じたいし、そう感じることによって自分はここにいていいと思えるのです。結局のところ、人間の本質というのは、そういうところにあるのではないかと思っています。

誰しもが誰かのための価値をつくり提供することによって、対価をいただいて生きています。それが、人間が社会を安定させるため、ひいては生きていくために価値の創造こそ大切だというゆえんです。

《マーケティングを理解できると、人生もラクになる》

さて、本書も残り少なくなってきました。最後に、マーケティングの基本を理解すると、人生がラクになっていくという話をして締めたいと思います。

それはどういうことかというと、今まさに時間や労力を使っていることや、これからどうしようかと悩んでいることに対して、「価値づくり」という1つの指針ができると迷いが少なくなるということです。

やらなければならないことが多数あるなかで何をしたらいいかわからないとき、「これをして喜んでくれる人はいるのか」「これに価値を感じてくれる人はいるか」を軸にして考えてみると、答えを導きだすのがシンプルになります。

そして、「これを喜んでくれる人はいない。やめよう」とか、「違うことを考えよう」とキッパリ判断できるようになります。

自分が提供するプロダクトによって喜ぶお客さまが見えているとか、このプロダクトが必ずお客さまのためになると思えれば、やる気が湧いてきます。

自分のやっていることが誰かの価値につながると感じられることが、モチベーションの源泉になるのです。

自分が今やっていることに、価値を感じる人はいるだろうか

いつもそうした視点を持っていれば、「私はこんなにがんばっているのに、誰からも認められない」と1人で不満を抱くことも、「このまま、この仕事を続けていていいのだろうか」と悩むことも減っていくはずです。

自分のやっている仕事に「誰かにとっての価値」を見いだすことができれば、また、その人たちをもっと喜ばせるためにはどんなことをしたらいいだろうかということを考えていれば、どんな仕事であっても、何らかの成果につながっていくことでしょう。そうすることで、あなた自身も仕事をするやりがいや意義を見いだせるようになるはずです。

おわりに

ここまでお読みいただき、ありがとうございます。

じつは、この本を書いたきっかけは、日本実業出版社の川上聡さんから「マーケティングの初心者向けの本をつくりたい」とのメッセージをいただいたところからはじまりました。

世の中でマーケティングの本はあふれるほど出ているのに、勉強すればするほどわからなくなる。とくに若い人の中には苦手意識が大きくなって、「マーケティング＝よくわからない魔法」のようになっている。

川上さんご自身もさまざまなマーケティングの本をお読みになられて、知識は増えたけれど、どう使ったらいいかわからないとのお話でした。

30年以上のビジネス実務の経験と知識を実務家に役立ていただくために、私はこれまでに『たった一人の分析から事業は成長する　実践 顧客起点マーケティング』（2

019年4月：翔泳社）、『アフターコロナのマーケティング戦略 最重要ポイント40』（2020年12月：ダイヤモンド社／現ファミリーマートCMOの足立光さんとの共著）、『マンガでわかる 新しいマーケティング 1人の顧客分析からアイデアをつくる方法』（2021年9月：池田書店）、『企業の「成長の壁」を突破する改革 顧客起点の経営』（2022年6月：日経BP社）を出版してきました。

「実務にすぐ役立つ」との声もいただく一方で、マーケティングの業務をはじめられたばかりの若手のみなさんやこれから勉強しようとされている社会人や学生のみなさんからは「難しい」との声も多くいただいていました。

その後、川上さん、編集をお願いした真田晴美さん含めてマーケティングの初心者4人との半年に及ぶ対話からはじまり、マーケティングの初心者、専門ではないが興味がある方、累計250名以上との質疑応答を経て、この本にたどり着きました。

この本が、ビジネスそして人生を歩いて行かれる読者のみなさんのコンパスと地図として、少しでもお役に立てばと心より願っております。

前田千明さん、物井佳奈さん、櫻井文恵さんには、長い質疑応答にお付き合いとたくさんのアドバイスをいただき、ありがとうございます。また、西村麻美さん、西川魅菜子さん、神村優歩さん、原田真帆さんをはじめ、制作にお力添えいただいたみなさまにも感謝しております。

マーケティングが、よりよい世界をつくり続けることを願いつつ。

西口一希

2023年1月1日　神戸のオフィスにて

西口一希（にしぐち かずき）

Strategy Partners代表取締役。1990年大阪大学経済学部卒業後、P&Gに入社。ブランドマネージャー、マーケティングディレクターとして「パンパース」「パンテーン」「プリングルズ」「ヴィダルサスーン」などのブランド担当。2006年ロート製薬に入社。執行役員マーケティング本部長として「肌ラボ」「Obagi」「デ・オウ」「ロート目薬」などの60以上のブランドを担当。2015年ロクシタンジャポン代表取締役。2016年にロクシタングループ過去最高利益達成に貢献し、アジア人初のグローバルエグゼクティブコミッティメンバーに選出、その後ロクシタン社外取締役戦略顧問。2017年にスマートニュースへ日本および米国のマーケティング担当執行役員として参画。累計ダウンロード数5000万、月間使用者数2000万人、企業評価金額が10億ドル（当時のレートで約1000億円）を超えるユニコーン企業となるまでの成長に貢献。2019年株式会社Strategy Partnersの代表取締役として事業戦略・マーケティング戦略のコンサルタント業務および投資活動に従事。戦略調査を軸とするM-Force株式会社を共同創業。著書に『たった一人の分析から事業は成長する 実践 顧客起点マーケティング』（翔泳社）、『マンガでわかる 新しいマーケティング』（池田書店）、『企業の「成長の壁」を突破する改革 顧客起点の経営』（日経BP）、共著書に『アフターコロナのマーケティング戦略』（ダイヤモンド社）がある。

マーケティングを学《まな》んだけれど、どう使《つか》えばいいかわからない人《ひと》へ

2023年2月20日 初版発行
2024年9月1日 第5刷発行

著者 西口一希
発行者 杉本淳一

発行所 株式会社日本実業出版社 東京都新宿区市谷本村町3-29 〒162-0845
編集部 ☎03-3268-5651
営業部 ☎03-3268-5161 振替 00170-1-25349
https://www.njg.co.jp/

印刷・製本／三晃印刷

ISBN 978-4-534-05983-3 Printed in JAPAN